自己否定をやめるための
100日間ドリル

坂口恭平

anonima st.

はじめに

みなさん、はじめまして。坂口恭平です。私の自己紹介からはじめてみたいと思います。私は現在、46歳、男性です。株式会社ことりえという会社をやってまして、社員は僕と妻の二人、僕は小さな会社の社長をやっています。この会社で販売しているものは、僕が描いた絵、書いた文章、奏でた音楽などです。つまり、僕は画家であり、作家であり、音楽家でもあります。それ以外に「いのっちの電話」と称して、自分が使っている携帯電話の番号**090-8106-4666**を公開しており、死にたい人からの電話を13年前から継続して受け続けています。こちらは無償でやってます。他にもいろんな仕事をやってはいるのですが、ここで細かく説明しすぎてみなさんを混乱させても仕方がないので、これくらいにしておきましょう。ネット上に色々と情報は転がっていると思いますので気になった方は調べてもらえたら嬉しいです。

さっそくですが、これから「自己否定をやめるための100日間ドリル」をはじめていくのですが、なぜ僕がこのような「自己否定」をやめるための教材を作ることになったのか、ドリルをはじめる前に少し説明しておきましょう。

私は躁鬱病です。躁鬱病ですから、調子が良すぎる時と、調子が悪すぎる時があります。両者はくっきり分かれており、元気な時にはもうなんでもできます。寝なくても平気です。自分が思いついたその瞬間には電話をかけて友人を巻き込んで新しいことをはじめています。もちろん、そのような有り余る力はやりすぎているわけでありまして、しばらくすると力を使い果たし、今度は鬱状態に入っていくことになります。躁状態の時は、一切自己否定はしておりません。なんでもできるのですから、お前はすごいと、自画自賛し続けてます。呑気なものです。まわりにいたらちょっと距離を置きたいと思うかもしれません。一方、鬱状態になると、さっきまで肯定していた自分はどこか遠くに行ってしまってもういなくなっており、今度は恐ろしい自己否定の渦に巻き込まれることになります。

これが本当にきついんですね。この本を手に取っている、ということはおそらくあなたも自己否定がすごいと思うのですが、自分で言うのもなんですが、僕は普段がなんでもできるという肯定の塊のような人間であるからこそ、この鬱状態の時の自己否定モードは他の追随を許さないメジャーリーガー級になっております。

というわけで、私は自称自己否定界のメジャーリーガーです。自分を無価値だと思い、けなし、もう死んでしまえと叫んでしまう三冠王でございます。

辛いです。本当に辛いです。助けてほしいです。助けてください。このままでは本当に死んでしまいそうです。

しかし、こんな私を人はなかなか助けることができません。もちろん、まわりに人はいてくれてますし、声もかけてくれます。ところが、この自己否定界のメジャーリーガーはどんな優しい球も完璧に芯を捉えて場外ホームランを打ってしまうのです。つまり、どんな優しい言葉も「いや」「でも」「そうは言っても」とかなんとかあれこれ言って、全て否定してしまいます。まわりが肯定してくれても、その言葉を一切信じることができません。私を治すために、わざわざ思ってもいないようなことを言って慰めているだけだ、と言い返してしまいます。これではまわりの人はお手上げです。そんなわけで、まわりの人はある程度慰めに失敗し続けたのち、距離を保ってそれぞれ自分の身を守りはじめます。そして、私はひとりぼっちになります。

　みなさんもそうだと思います。みなさんも今、ひとりぼっちでいるのではないでしょうか。

私が自己否定をやめるための１００日間ドリルを書く必要があると感じたのはこの「**ひとりぼっち**」がきっかけです。

　自己否定をしているだけならなんとか家族やまわりの友人の助けを借りながらそれぞれ頑張っていけばいいのですが、**自己否定がひどすぎる人は、まわりの人の優しい言葉にも丁寧に全て否定していくので、必然的にひとりぼっちになってしまうんです。**これは馬鹿にしているわけじゃないですよ。私も同じようにそうなってしまうからです。私も困ってます。みなさんも困っていると思います。しかし、そんなみなさんに私が近づいて声をかけたとしても、やはり私の言葉も否定されてしまい、ガックリした私はみなさんから離れてしまい、結局最後にはあなたもみなさんもまたひとりぼっちになってしまうんです。

しかし、ひとりぼっちのままでは本当に死んでしまいそうです。私もみなさんも。

私はそんな私も、そんなみなさんも、なんとかしたい。

そこで私はみなさんがそれぞれひとりぼっちで取り組むことができる画期的な「ドリル」を発案しました。

名付けて

「自己否定をやめるための100日間ドリル」

どうですか? 少し試したいと思ってくれましたか? 100日間? ちょっと長すぎると思った方もいるかもしれません。それよりも「本を読んだらすぐに自己否定がなくなる50の法則」みたいな感じのコンビニとか駅のホームとかにもありそうな本の方が良いと思われた方は速やかに本を閉じてコンビニへ向かってください。私がこれから紹介するこのドリルは、時間がかかります。そして、時間をかけることがとても重要なんです。とは言っても、100日間ですから、**たった3ヶ月で自己否定がやめられると思ったらどうでしょうか?** 自己否定をするきっかけの多くは幼年期にあります。3歳、4歳、5歳頃でしょうか、私は今46歳ですからもう40年以上も自己否定を続けているわけです。そんな私にとって、3ヶ月で自己否定をやめられると思ったら、3ヶ月なんて短いものです。みなさんの中でもそう感じてくれる人がいらっしゃるかもしれません。そんなかたはどうぞこのドリルを試してみてください。自己否定界のメジャーリーガーだった私が、なんとこのドリルを100日間試した結果、現在では、完全に自己否定をやめることに成功しました。

自己否定をやめることなど永遠にできないと確信していた私が、今では全く自己否定をしない人間になっているのです。

常に肯定しているということなのでしょうか。あの、なんか聞いていると耳がこそばゆくなってくる「自己肯定感」ってやつですか？　自分に自信がある人とかってなんか嫌じゃないですか？　私はあんまり付き合いたくないです。自分を肯定している人間も、ちょっと付き合いにくいです。なんか圧を感じます。そうじゃなくって**この本は自分を「否定」しないという方法について着目していきます。**私が発見したのは**『私が苦しいのは「自己肯定感」が低いからではなく、何よりも「自己否定」を止めないからだ』**ということです。自己否定が止まった現在、私は結構楽に生活ができています。かといって、全部元気！とか、肯定！とか、なんでもできる！とか、そういう躁状態の時とも違います。体の中が少しポカポカしているくらいの穏やかな気楽さです。「自己否定」を止めると、全部無敵！　というわけではなく「なんだかいい感じだな」という自己否定が止まらなった時には知らなかった、穏やかな感覚が訪れます。みなさんも、なんだか心地よい穏やかなぬるい風を味わうこの境地を目指してみてはどうかとおすすめします。

さて、前置きはこれくらいにして、早速ドリルをはじめてみましょう。

まだ自己否定が止まらないかもしれませんが、そのままでいいです。自己否定が止まらない自分自身を否定するのは苦しいので、そのまま放っておいてあげてくださいね。このドリルに誠実に取り組み、100日間経過したら、必ずや自己否定は止まるでしょう。もしもこのドリルを誠実に取り組んで自己否定が止まらなかったら、返金をします。出版社はそんなことできないと思いますので、私が返金します。口約束ですが。**090-8106-4666**までお電話ください。今度は、僕がトレーナーとなってもう一度100日トライすることになってしまいますが、それでも自己否定が止まらなかったら返金します。本気です。もちろんこれは、自己否定が止まらないみなさんが心配だからです。心配だから電話してください。今度は一緒にトライしましょう。なんにせよ、自己否定の止まらない人生は休むことができませんので、心がホッとすることのない人生です。そんな辛い状態のままでいるのは私は見逃すことができません。もしも一人で読んで止めることができなかったら、今度は私が併走して手伝いますね。それくらい、自己否定は止めた方がいいのです。一つも良いことがありません。そんな話も少しずつ話していくことにしましょう。

それでははじめますので、深呼吸を10回ゆっくりした後、ページをめくってください。

坂口恭平

もくじ

自己否定をやめるための100日間ドリル

自己否定をやめるための
100日間ドリル

STEP 1

自己否定とはなにか

自分がどのような自己否定をしているかを具体的に確認する。

まずは私たちが取り組むことになっている「自己否定をやめること」ですが、何よりも「**自己否定**」**とはなにか**ということについて考えてみましょう。

この教材を手に取っているということは、おそらくみなさんも私と同じように「自己否定」に苦しんでいると思います。自分だけと思う方もいらっしゃるでしょうが、こうして教材になって、自己否定に苦しんでいた私がいて、さらにこの教材が本になって出版され、たくさんの方が手に取っているわけですから、ご心配なく。多くの人が自己否定に苦しめられています。これは私がやっている「いのっちの電話」でもたびたび話題にあがります。いのっちの電話では、自己否定に苦しんでいるというよりも、死にたくなっているわけですが、それではこの「**死にたくなっているとき**」**とは一体どんな状態なのでしょうか**。自己否定だけに苦しんでいて、死にたくはまだなっていないという方も多いと思いますが、それでも、この死にたくなっているときの状態がよく理解できると自己否定をやめるきっかけにもなりますので、少し話をしてみたいと思います。

死にたくなっているとき、人はどのような思考回路にあるのでしょうか。少し離れて、自分ではない人が死にたくなっていると仮定して考えてみましょう。何か重大な問題が発生して、それで解決もできずに、解決する力もなく、落ち込んでいます。それで死にたくなっているとします。

みなさんはどんな声をかけてあげますか？

私の場合を書いてみましょう。

一人でぐるぐると悩んでいる状態のようです。人に相談してみたらいいのに、誰にも相談していない様子です。自分が問題を抱え悩んでいることはなかなか人には見せてはいけないものだ、とその人は考えているようです。こちらから見れば、いくつか解決策はありそうなものだ、と思うのですが、それを伝えてみましたが、どれも自分にはできない、もう無理だ、と少し決めつけているように見えます。自分はこんなこともできない、あんなこともできない、自分は能力がない、金がない、信頼できる友人もいない、仕事もなくなったと落ち込みはさらに加速しているようです。そして、死にたいと、漏らしました。

こういう時は、まずはゆっくり話を聞いてあげます。どんなことに困っているかを確認するためでもあります。それでも仕事に行かなくちゃいけないと強く思っているようです。私が見るに、とても仕事に行ける状態ではありません。しかし、仕事は休んじゃいけないものだ、仕事を休んでしまったらクビになってしまうとその方は私に反論してきます。どう考えても休んだ方が良さそうです。休みたくないのかと聞いてみると、そりゃ休みたいよ、でも休むわけにはいかないんだ、仕事をしなくちゃいけないんだとなかなか頑固な方のようです。でも、**実は休みたいと思っているんですね**。安心しました。

人が死にたいと思っている時は、悩むことに疲れてしまっているので、正常な判断ができません。**一番重要なのは、休養です**。休んで、しなくちゃいけないことをとりあえずしないままで放置して休みたいところです。体も冷たくなり、血の巡りが悪くなっているのでしょう。悩みすぎて、心臓に負担がかかっているからです。心臓が疲れてくると、血が巡らなくなります。考えたら当たり前のことです。指の先端まで血が到達せず、体が冷たくなってしまうんですね。そうすると、体の機能が低下し、動かすのもしんどくなってしまいます。

このように、**死にたい、と思うほど悩んでしまっている時、必要なのは、ゆっくり休むことです。**

しかし、死にたいと思っている人は、休もうよと伝えても、なかなか受け入れてくれません。

理由は、自己否定がかなり強くなっているからです。

「仕事もできないやつが、仕事をサボって、ゆっくり休むなんてとんでもない！　お前はボロボロになってもいいから、仕事に行け！」みたいなことを自分に言ってしまうのです。

これでは疲れが取れないのも当たり前です。夜もきっと眠れやしないでしょう。

ゆっくり休もうよ、と優しく声をかけたとしても、なかなか言葉が耳に入ってくれません。

自己否定が最高潮に達しているようです。こうなってしまうと人は死にたくなってしまいます。

つまり、死にたい、とはどういう状態かといいますと、「自己否定が最高潮に達している状態」なのです。それをわかりやすい言葉に書き直してみると、おそらくこんな感じになります。

死にたい人の多くはこんなふうに自己否定をしてます。

「お前みたいな無価値な人間は、この世からいなくなればいい」


これは自己否定ですね。しかもかなりきつめの自己否定です。これ以上の自己否定はないでしょう。存在を消そうとしているわけですから。

この「お前みたいな無価値な人間は、この世からいなくなればいい」という自己否定、これがすなわち「死にたい」ということなのです。悩みが苦しすぎて、それで息が詰まって、こんなに苦しいなら死んだ方がましだ、ということで、死にたい、と言っているわけではないんですね。ここ重要なので、書き留めておくか、アンダーラインでも引いてほしいくらいです。この違いがわかりますか？

①「悩みが苦しすぎて、それで息が詰まって、こんなに苦しいなら死んだ方がましだ」

②「お前みたいな無価値な人間は、この世からいなくなればいい」

この二つの死にたい、の違いについて説明しましょう。

①は、悩んでいます。それで苦しくなっています。疲れています。息が詰まってます。苦しいのが止まらなくなってます。こんなに苦しいのが続くと思うともうこれ以上生きていたくないと思ってしまいます。それはそうですよね、私も同意します。今、苦しい、疲れている、これ以上この苦しみを続けたくないわけです。それなら、解決方法があるんです。これ以上続けたくないのです

から、少しでも楽な方法を選べば良いわけです。立っているより横になった方がいいし、家で冷たくなっているより、温泉に入った方がいい。食欲はないかもしれませんが、アイスくらいは食べられるかもしれません。何か自分が好きなものを少しだけでも、とにかく美味しいものを、少しだけ口にした方が楽になります。起きているより、眠っていた方がいいし、一人でいるより、気心知れた仲間と一緒にいた方がいいし、厳しいより、できるだけ優しい環境にいた方がいいです。そうすれば、今の状態よりも、少しだけでも楽になれるからです。つまり、①の原因で死にたいとなっている人にはこのようにできるだけ楽になる方法が有効なのです。つまり、死にたい人の死にたい原因が①ならば、できるだけ楽になれる方法を周りの人が用意してあげたら、少しずつ回復するはずなのです。

しかし、死にたい、と言っている人は、私が提案する少しでも楽になれる方法を、一切受け入れようとしてくれません。

これ以上苦しむのが嫌ならまずは休もう、と私は言うのですが、休むことができない、と死にたい人はみんな言います。どういうことなのかと聞いていくと、どうやら、休む方法を知らないわけではなく、**休んでいても頭の中でずっと自分を否定しているので休めない**、ということがわかってきました。休むことを自分自身が許してくれないんですね。お前には休む資格がない、と思ってしまっているんです。

「元々しょうもない人生歩んできて、しょうもない仕事内容、そんなお前がさらに休む？　何言ってんの？　お前みたいなやつが休めるわけないでしょ。休んで体調を戻したとして何か仕事できるの？　能力もないのに？　金もないのに？　何呑気なこと言ってんの？　働けよ。きつかろうが、お前みたいな無価値な奴が、呑気に休める資格なんかないし、どうせ働いても、何の能力も発揮しないけど、それでも働けよ」

これはかなりきついですよね。私も聞きながら、泣けてきます。でもこのようなことを頭の中で自分に言い聞かせてしまっているので、休めないんです。僕が研究した結果、死にたい、という状態は、この②の状態になっているということがわかってきました。

つまり自己否定が最高潮に達した状態だったわけです。

これでは死にたくなるのも当然です。あまりにも厳しすぎますから。

つまり、死にたくなるのは、賃金が安いとか、会社のパワハラでとか、そういう社会的な抑圧によって起きているのではありません。

もちろん、そういった辛いことは許せませんし、そういった社会的な問題は解決していく必要があります。賃金が安いなら、できるだけ賃金が高いところを探した方がいいですし、会社のパワハラは言語道断です。会社内で問題にすべきであるし、解決しないなら違う会社に移動する必要があります。つまり、これらは解決することが不可能ではなく、死にたい、に直接つながることではないのです。どちらかというと、もっと楽に生きていくために対策を練っていこうと考えたら良いはずです。

しかし、これらは死にたくなる原因ではありません。

何度も言いますが、死にたくなるのは、自分自身で自分に向かって、かなりきつめの自己否定をしてしまっているからです。

自己否定が最高潮に達している状態では、解決策がありません。なぜなら、**解決してあげる価値がない自分と思っているからです。**

これが、死にたい、という感情がなかなか解決しない原因です。そもそも解決してあげようという気がないからです。

たとえば、もしも親友が死にたくなっていたら、全身全霊で守ってあげるじゃないですか？

死にたくなっている人みんなにこんな質問をしました。

「お前みたいな無価値な人間は、この世からいなくなればいい」と誰かあなた以外の実在する人に言ったことがありますか？

答えは全ての人が「NO」でした。つまり、「お前みたいな無価値な人間は、この世からいなくなればいい」という言葉を実際に誰かに口に出して言ったことがある人は一人もいませんでした。ここ重要です。

死にたいと思っている人、つまり「お前みたいな無価値な人間は、この世からいなくなればいい」というかなりきつめの自己否定をしている人は、誰一人として、「お前みたいな無価値な人間は、この世からいなくなればいい」という言葉を他人に言ったことがありません。どんなに仲が良くない人にですら言ったことがありません。嫌いな人にですら言ったことがありません。それなのに、自分自身には毎日言っているのです。

少し変だと思いませんか？

私はだいぶ変だと思っています。とんでもなく奇妙なことだと思っています。異常事態だとすら思っています。

なぜ嫌いな人に対して言う言葉よりも、自分に対しての言葉の方がひどく、きついのでしょうか。

私が「自己否定」をやめるきっかけになったのは、このとても奇妙な出来事に気づいてからでした。

みなさんはどう思いますか？

STEP 2

自己否定を書き出す

あなたはどんなふうに自分を否定していますか?
それをできるだけ細かく書き出してみましょう。

僕が書き出した自己否定の数々、これがまたひどいものなのですが、それでも仕方がありません、それが以前の私ですし、そうやって毎日、私は自分を否定し続けていました。みなさんも**頭の中でぐるぐると自己否定をするのではな**

く、**ぜひとも一度、しっかりと箇条書きで書き出してみましょう。**一体、みなさんは自分自身のどんなところが許せないのでしょうか。ダメだと思っているのでしょうか。もしかしたら、お前みたいな無価値な人間はこの世からいなくなればいい、とまで思っている人もいるかもしれません。しっかり確認してみてください。

そして、書き出した自己否定の数々を眺めて、一度、聞いてみてください。このような否定の言葉をあなたは誰か別の人に声に出して言ったことがありますか？

まずは自分がどのような自己否定をしているかを確認する必要があります。もちろん、あんまりやりすぎると自分が苦しくなる人もいるかもしれません。

きつくなったらやめてくださいね。それでもまずは自分がどのような否定をしているかを確認するのはとても重要なことなので、一つでもいいですから、書いてみてください。

書き出した自己否定に対して、一つずつはっきりと反論をする

さて、みなさんどうだったでしょうか。まずは、みなさんがどのような自己否定を日々自分に向かってやっているのか。そのことを確認してみました。どんな自己否定をしているのか、ということを書き出してみる。このことに迷ったりする人はあんまりいないと思います。なぜなら、自己否定は毎日気づかない間にとめどなくやっているからです。あなたの将来の夢は何ですか？　とか、

あなたが好きなことが何ですか？　みたいな質問だと、少し悩んだり、なかなか頭に浮かばなかったりするじゃないですか。でもどんな自己否定をしていますか？という質問にはきっとすぐ答えることができるはずです。そして、答えることができなかったら、それはそれで素晴らしいことです。今、あなたの中には自己否定が湧いて出てきていないってことですから。でもこの本を読んでいるということはおそらく、自己否定で苦しんでいる方ですから、どんな自己否定をしているかはすぐに出てくるはずです。誰かに見せるわけではないですから、さっと書いてみてください。頭の中にあるものをできるだけ詳しくそのまま書いてみるだけです。この教材に書き込んでしまうと、残ってしまうので、別にノートを用意するか、適当な紙に書いてもいいのです。この教材を読み終わったら、さっと捨てられるように、書き込まなくて大丈夫です。本当のところを伝えると、どんなことを書いたのかは、そんなに重要なことではありませんから。

それでみなさんも不思議に思いませんでしたか？

今、紙の上には結構ひどいことが書いてあると思います。それを他人に言いますか？

絶対に言いませんよね。一度も言ったことがないはずです。しかし、それをなぜか自分には言っている。しかも毎日、言っているわけです。

体調が悪い友達がいて、その人にさらに追い打ちをかけるようなことを言いますか？　言いませんよね。**「絶対に」言わないはずです。**

STEP1でも書きましたが、友人はもちろん、嫌いな人にですらそんなことは言わないはずです。落ち込んでいる人を否定するようなことを言えば、その人を死に追いやることになりますし、嫌いな人に言えば喧嘩になってしまいます。殴られてしまいますよね。お前、何、余計なことを言っているんだ、と。他人に言えば、死に追いやるか、殴られてしまうようなことを、私たちは毎日自分自身に言い聞かせているわけです。

これが自己否定です。

死にたくなってしまうのは当然ですよね。ぐったりして寝込んでしまうのも当然です。イライラしたり、怒りが湧き出てしまうのもまた当然だと思いませんか？

ここではっきりと断言しておきましょう。

『自己否定は一つとして正しいものはなく、全て完全に間違いである』

なぜなら自己否定と同じ言葉を他人に言えば、死に追いやるか殴られてしまうようなことだからです。自己否定はつまり文句、もっとひどく言うと罵倒ってことです。

罵倒する人を擁護する人はいますか？

ここで一つ出てくる反論があります。それは、自己否定するのは、つまり自分自身を罵倒するのは「根拠がある」という反論です。

「仕事ができない！　と自分自身を怒るのはやめましょうよ」

と私は、苦しんでいる人をなだめようとするのですが、その人は自分自身についてこう言うのです。

「仕事ができない！　と自分を怒るのをやめろと言われても、もちろん口にしないで言わないでいることはできますよ。でもですね、私は本当にバカで、動きもトロいし、他人と円滑に会話する能力もないんです。これは本当なんです。

だから、仕事ができないんです。だから、仕事ができない私を私は怒鳴るしかないんです」

私が自己否定を落ち着かせようと声をかけると、たびたびこう熱弁されてしまいます。

自己否定すること、自分自身を罵倒することに根拠がある、と言うわけです。一瞬、私も納得しそうになってしまいます。

しかし、ここでまた他人を間に入れて考えてみましょう。

友人が忘れっぽい性格で仕事の中でもよく頼まれたことを次々に忘れてしまっているとします。

あなたは罵倒しますか？　友人は何でも忘れてしまうという根拠があるからと徹底的に否定しますか？

あなたならこの時、なんと声をかけてあげますか？

私ならこう言います。

「忘れっぽいところは、仕事をする上ではもちろん大変なこともあるかもしれないけど、私には忘れっぽいところはそんなに目に入ってこなくて、むしろ、いろんなこと、新しいことによく挑戦をする面白い人だなと思っているよ。私はそっちをどんどん伸ばした方がいいと思うよ。でも、忘れっぽいところをもしも少し直したいのであれば、頼まれた時に、頭で記憶するのをやめて、一つずつノートに書き出してみて、それを1日にやることリストみたいにして、全部頭ではなく、ノートで処理してみたらどうかな」

どうでしょうか。実は人の欠点というのは他人には欠点に見えていないことが多々あります。ここで試してみましょう。みなさんの友人を一人思い浮かべてください。思い浮かべましたか？　次に、その人の欠点をいくつでもいいですから、箇条書きしてみてください。

できましたか？　どうですか？　みなさんが自分の欠点だと思っているところは、たくさんあると思いますが、それと同じように他者の欠点もいくつもありましたか？　私の場合は、ですが、私は他人の欠点をなかなか見つけることができません。その人が、自分の欠点と言っているところですら、私には欠点に見えないんです。このように他人の欠点はほとんど見えません。なぜなら私たちはそのように他人を粗探しするものだと思って見ていないからです。もちろん、褒めるところしかないわけでもありません。そのような羨望の塊としても見てないからです。どちらにも偏らず、**平熱のような感じで眺めている、という感じですよね。それが他人を見る目です。**

このように、興味深いことに、私たちは、他人の文句を言わないどころか、口にしないだけでなく、**本当に心の底から他人を「否定していない」**のです。

そして、ここで再び戻ってきてしまいますが、他人に対してはまったく否定的に見ていないにもかかわらず、私たちは自分自身に対してありえないほど厳しく自己否定をしてしまいます。それは先ほど言ったように、自己否定というか、もう罵倒と言っても良いほどひどいものです。しかも、罵倒する理由は、罵倒するのもおかしくはないほど、自分自身がどうしようもないものだということを根拠にしてます。しかし、そんなひどいことをし続ける私たちですが、なぜか他人に対してはまったく否定的ではありません。欠点はほとんど見つけることができないのです。どうしてかというと、そもそも否定的に見ていないからです。できるだけ良いところを探して伝えてあげようとすら思っています。

一方、自己否定をやめない私たちは、自分自身のことを徹底して「粗探しをするように」見ているのです。

意地悪に自分を見ている。
はっきり言うと、それはもう「いじめ」です。

悲しいことではありますが、**私たちは、常に自分自身をいじめているのです。**

それが自己否定を止めることができない私たちの、少し辛いので目を逸らしたくなってしまう事実です。

しかも、いじめる理由は、私たち自身がいじめたとしても問題にはならないほどたくさん欠点があるということを根拠としているらしいのです。

いじめに根拠なんかありますか？　ありませんよね。みなさんも他人同士のいじめは徹頭徹尾、間違っていると断言できるはずです。

みなさんは他人にはとても優しいですから、きっとそう思われるはずです。

しかし、自分自身へのいじめに関しては徹頭徹尾間違っていると思わずに、根拠があるから当然である、と平気な顔をしてしまっているのです。

これはもう明らかに間違いであることがわかりましたよね。

いじめは完全に間違っています。何一つ正しいことがありません。

つまり『**自己否定は一つとして正しいものはなく、全て完全に間違いである**』ということなのです。

それでもまだ自己否定をしますか？
いつまで自分自身をいじめ続けるつもりですか？

しかし、習慣というのは恐ろしいもので、ここまで話をしてきたみなさんはすでに自己否定が間違っていたことにはもう気づいているかもしれません。それなのに止めることができない。自分以外には誰も注意する人がいないので、誤魔化すことができるからです。だから止めなくても、別にバレないと思ってしまう。

とにかく自分が気づいていくしかないのです。

誰からも怒られたり、批判されたりしないので、なかなか難しいのかもしれません。それでも、もう苦しいのも嫌ですよね。楽になりたいから、この教材を読んでくれているはずです。

確実に、自己否定の意味のなさ、馬鹿らしさ、そして、酷さに気づいてはきているはずです。あともう少し。

だから**自己否定を止めることができない自分まで否定するのはやめておきましょう。**

それでも、この今の瞬間だけ、確認してみてください。

自己否定は完全に間違ってますよね？

酷すぎる方法ですよね。他人には絶対にしませんよね？

自分いじめもいじめと同じ、よって、絶対にしちゃいけないことですよね。

そこまで確認して、納得していただけたら、次の段階に移ってみたいと思います。

ＳＴＥＰ１で箇条書きした、たくさんの自己否定があると思いますが、それを一つずつ、優しい親友がそのようなことを言ってきたと想定して、反論してみてください。

「自分は友達もいなくて、人といても緊張してばかりで、会社でも人間関係がうまくいかず、居心地悪くて、会社もやめてしまったし、もう孤独だし、もう人生が終わりだ」

このように友人が言ってきたらどんなふうに声をかけてあげますか？
友人の自己否定に同調する人はもう一人もいないと思います。明らかに友人は自分のことを責めすぎているはずです。

①「自分は友達がいない」

「私一人だけかもしれないけど、友人はいるじゃないか。それを友達がいない、と断言するのは間違っているよ。そうじゃなくて、友人が一人だけいる、と言ってみたらどうか。友人はたくさんいればいいというわけではなく、苦しい時に苦しいと吐き出せる友人が一人だけいればそれで問題はないと思うよ」

②「人といても緊張してばかりで」

「私といる時も緊張しているのかな。緊張しているようには感じないけど。だからどんな人といても緊張してしまうという表現は間違っているよね。そうじゃなくて、緊張してしまう人がいる、ってことだと思う。そして、緊張することが全て悪いことになっているけど、緊張しないと仕事はうまくいかないことが多い。緊張はただただ悪いもの、ではないと思うよ。リラックスする方法を見つけたら緊張した時もそれなりに自分のやりたいようにできるようになっていくはずだよ」

③「会社で人間関係がうまくいかない」

「そのうまくいっていないという人間関係とはどの人とのことだろう。全部をひとまとめにして考えるのは少し雑かもしれない。うまくいっている人もいるだろうし、うまくいっていない人もいるんじゃないかな。そして、うまくいっていない人がわかったとしたら、その人と本当に仲良くしたいのかな。仲良くなりたい、友人になりたいと思うのなら、何か方法を考えて仲良くなろう。でも話を聞いていると、その人とは仲良くなりたいわけではなさそうに見えるけど。それなら、多少うまくいかないのは当たり前なんじゃないかな。私とはうまくいっているわけで、誰ともうまくいかないと断言するのは言いすぎだね」

④「居心地悪くて、会社もやめてしまった」

「居心地が悪いところは、やめてもいいんじゃないかな。またその会社に戻りたいのかな。戻りたいのなら、戻れないか方法を考えてみよう。戻りたくはない？　あ、それならやめれてよかったね。また次を探してみようよ。あなたは仕事を誠実にやる人だから、きっと居心地が良い職場が見つかれば長続きすると思うよ。今回の件だけを見て、自分は仕事ができない、長続きができないと断言するのは決めつけすぎているかもしれない。こっちからはそう見えるよ」

⑤「孤独だし、もう人生が終わりだ」

「退職したショックでそうなっているかもしれないけど、そこまで投げやりにする理由があるのかな。私がいて今話をしているようにまず孤独ではないし、それなら他の友人にもこの苦しみを伝えたらいいと思うけどどうかな？　それが嫌なら、今は私一人だけに言えばいいじゃないか。それを孤独だから、お前はもうダメだといじめないであげて。人生はまったく終わっていないよ。だって、そこにいたら居心地が悪すぎたんだから。実は会社にいた時よりは、精神的には楽になっているはず。楽な状態で次のことを考えるのはいいことだよ。きっとまた次仕事も見つかるし、やりたいことも見つかっていくから、今は自分を攻撃するんじゃなくて、できるだけ労わっていこう」

こんなふうに、自己否定の文章をできるだけ、細かく箇条書きに直して、それを一つずつ、友人を励ます感覚で、その自己否定の反論を書いてみてください。

あなたは友人が弱っている時にさらに罵倒して蹴落とす人たちではありません。なので、必ず、自分への自己否定の反論も口にできるはずです。

はっきり、きっぱり反論してみてください。罵倒されているんです、今、あなたは。いじめはダメ、絶対撲滅しよう、という精神の持ち主のみなさん、とにかく間違ったことが行われていますから、ちゃんと反論してください！　反論を書けば書くほど、落ち着いてくるはずです。これは経験を重ねるごとに本当に楽になっていきます。

さて、試してみましょう。

あなたは自己否定をし続けている自分を恥ずかしいと思っているので、このことを他人に言えません。そのことが自己否定を止めることをさらに難しくさせているのですが、それ以外に、みなさんが「**私なんてどうせ**」**みたいに言っ**

てしまうところも問題なんです。自己否定の根底に隠れている、この「私なんてどうでもいい」という感覚に気づいてください。私たちは「ワタシナンテ族」なのです。いつでもどこでもみなさんはついつい自分のことを適当に扱います。VIP対応なんて絶対にしません。どうでもいい人としてしか対応しません。それが「ワタシナンテ族」の特徴です。反論しながら、そのことにも気づいてあげてください。ワタシナンテ族はどこかしらさびしそうです。私なんてどうでもいい、私のことなんか誰も構ってくれやしない、私のことは一番後回しでいい、みたいな口癖や思考癖が隅々まで行き渡っています。このさびしさの気配にも気づいてあげながら、しっかりとことん完全に100パーセント反論してあげてください！

自己否定に擁護するところなんかありませんから、厳しく反論してくださいね。

そして、自己否定をし続けすぎてほとんど拗ねてしまっているワタシナンテ族であるあなたを勇気づけてあげてください。

ワタシナンテ族は、励まされることに慣れていません。だから少し恥ずかしくなるかもしれませんが、誰もこの作業は見ていませんから、ここは一つ大袈裟に反論してください！

では、はじめてみましょう。

STEP 3

第三者を登場させる

まずは自己否定を書き出してみる、
そして、それに反論をしていく。

これは頭の中でやらずに、ぜひとも紙に書き出してやってみてください。書き出したあとはポイと捨てちゃってもいいので、それでも一度はしっかり紙の上に残してみましょう。頭の中でやると、ぼんやりとしすぎてしまって、自己否定も定まらずに、なんとなく否定的なムードだけに染められてしまいます。一体、自分はどんなことを自己否定しているのか。どんな自分が許せないのか。その罵倒をしっかりと、紙の上に、現実の世界に書き出してみましょう。厳しいあなたを具体的に観察してみてください。

私はノートを開いて、左のページに自己否定を書き出し、右のページにその反論を書き込みました。**でもどんなやり方でもいいです。自分がやりやすいように。特に形はどうでもいいのです。**

なぜなら、自己否定自体が

実はどうでもいいものだからです。

それは明らかに、ルールを無視した徹底的に間違っている罵倒でしかないからです。

しかし、なかなか自己否定は止まらないままかと思います。それぞれの段階をどれくらいの日数やればいいかは特に決めていません。それはそれぞれの人の自己否定力の強弱によるからです。

私はかなり自己否定力が強い人間でした。そんな私でもこのカリキュラムに従ってやってみたら、なんと100日以内に、正確には77日目に自己否定がぴたりと止まったんです。今では、なんで、あそこまで酷い自己否定をしていたのか、皆目見当がつかないという状態になっています。とても楽です。だからこそ、みなさんにもとにかく楽になってもらいたいんです。

これからSTEP3に入っていくわけですが、STEP1→STEP2、つまり、自己否定を徹底的に洗い出し、書き出してみて、それに一つずつ反論していく。この過程は簡単には終わらないと思います。思いつく限り書き出してみて、それにしっかりと反論ができたとしても、また、次の日になると、少しだけ変わってはいるが、それでも同じような自己否定がはじまってしまう。そういう人が多いと思います。私もそうでした。何度も何度も反論するのですが、それでもまた次の日になると同じように自己否定をしてしまっていました。なので、それははじめからそういうものだと認識しておいてください。反論したのに、なぜまた自己否定をしてしまうのかと、落ち込まないようにしましょう。

自己否定は、子供が駄々を捏ねているようなものです。

飽きずに来る日も来る日も自己否定してきます。そこで自分に対して怒らず、むしろ受け入れてあげるような気持ちで、反抗期の子供と接するように、**一つ一つにすぐに感情をむき出しにするのではなく、どちらかというと淡々とこの作業に取り組んでみてください。**

なかなか自己否定が止まらない時に、私がやっていた対策法の一つをお伝えしておきましょう。

それは「**私とは別の信頼できる人を呼ぶ**」という方法です。

でも実際に、呼ぶわけではありません。頭の中に呼び寄せるようなイメージです。家族ではない誰か、が良いでしょう。

あなたは強い自己否定を繰り返してここまで生きてきました。そう考えると、かなり大変な人生を歩んできたと言えます。しかし、それでも生きのびてきた。すごいことです。自己否定、つまり罵倒を受けながらそれでも前を向いて生きていくのは困難なことです。それをあなたはやってこられたのです。少しだけでも自分を褒めてほしいです。どうやって生きのびてこられたのか。もちろんあなたが罵倒に負けなかったということもありますが、それだけでなく、あなたを助けてくれた人が少なくとも一人はいたはずです。**みなさんがこれまで生きてきた中で出会った、信頼できる人を思い浮かべてみてください。**今は会えなくなってしまっている人でも問題ありません。みなさんに対して、罵倒したりしない人です。困っている時に優しく接してくれた人、その人を思い浮かべてみてください。

それでも自己否定はもちろん止まらないと思いますが、それでも反論の手助けになってくれるはずです。その人ならなんと言ってくれるかということも書き出してみてください。自己否定が強すぎる場合、あまりにも根拠を示してくるので、なかなか反論することができないことがあるからです。反論がどうしても弱くなってしまうのです。STEP2で確認したように、自己否定は本当に酷いただの罵倒にすぎないので、実際は徹底的に間違ってます。どこにも擁護できる部分はありません。

それなのに、ついつい自己否定に耳を貸してしまうし、納得してしまう。言い返せと言われても、なかなか反論する勇気が持てなくなってしまいます。

そこで**信頼する人に頼ってみましょう。その人ならなんと言ってくれるか、そういうことを想像して書き出してみましょう。**

信頼する人に直接頼るわけじゃないので、どんどん頭の中で頼ってみましょう。依存症にはなりません。想像ですから。現在、頭の中は否定的なことばかりが渦巻いているはずですが、信頼できる人が入ることで少し風通しが良くなるでしょう。これは全て想像上のことなので、そんなにうまくいくわけない、と思われるかもしれませんが、

そもそも自己否定自体が想像の産物なのですね。

自己否定は実際の事実とはずいぶん異なります。だって、ただの罵倒なんですから。だからその**想像力の部分に少し変化を与えるのです。**

これは一つの有効なヒントです。必須ではありませんが、自己否定が鳴り止

まない時はぜひとも試してみてください。

しかし、自己否定が強くなっている時は、誰かに助けてもらったというような素敵な記憶をなかなか思い出せない時があります。

そういう人は、ぜひ、私を信頼して、登場させてみてください。あなたの自己否定を、私ならどう反論するのか。

そんな想像をするだけで効果があると思います。

信頼できる人、つまり第三者をこの自己否定世界に登場させることで、あることに気づくと思います。

それは、みなさんが自己否定を

しているわけではない、という事実です。

もう少し細かく説明してみますね。

まず、今、この教材を読んでくれている「あなた」がいますよね。それは実際にいます。「あなた」は自己否定に「困って」います。だから、この本を手にしたわけです。自己否定に困っていて、それをやめてほしいと切に願っていますよね。自己否定によって苦しんでます。弱っています。中にはそれによって死にたいとまで感じてしまっている人もいます。それをなんとかするためにこの本を手に取ってくれたわけです。

よく考えてみてください。

あなたは今、自己否定をしていませんよね？

むしろ、自己否定に困っている側です。

つまり、こう言えるでしょう。

あなたは誰かに罵倒されて困っている。

どうでしょうか？　違いますか？

でもそうじゃないとこの本を読んでいないはずです。あなたがもし罵倒している側であれば、この本は手に取らず、無視するはずです。なぜなら、あなたは自己否定という間違った罵倒を繰り返す張本人だからです。自己否定をやめたいなどと思っているわけがないからです。自己否定を否定されては困ります。自分のやっている行為が間違いだと知れたら、居場所がなくなってしまいます。

体の中で隠蔽するように行われているいじめ。

それが自己否定の正体ですが、いじめがバレてしまっては困ります。あなたが自己否定をしている側であるならば、私は正体をあばき、全ての行為を否定する敵に見えてしまうはずです。
しかし、そうではないですよね。今、あなたは私の言葉を耳に入れ、なんとか自己否定を止めようとしていますよね。

やはり、**あなたは誰かに罵倒されています。誰かに否定されています。**だから困っているわけです。本当に困っていますよね。知っています。私も困っていましたから。

つまり、信頼する人をあなたの想像の中に取り入れて、自己否定に対して反論をしているうちに、罵倒をしている誰か、と罵倒されている「あなた」の存在に気づくはずです。もちろん「罵倒している誰か」は姿形があるわけではありません。それも信頼している人と同じように、想像上の人物ではあります。

それは一体、誰でしょうか？
想像することができますか？

私の場合、容易に想像することができました。なぜなら、私がやることなすことに厳しく言葉をかけてくる人はたった一人だけだったからです。

それは私の母親でした。

STEP 4

あなたを否定するのは誰か？

いかがでしょうか？
みなさんにも罵倒してくる人が
具体的に姿を現してきましたか？

信頼できる人を外からあなたの頭の中に取り入れることによって、実はあなたは自己否定をしているわけではなくて「誰か」に罵倒されているということがわかってくるはずです。きっとみなさんもすぐとは言えなくても、しばらく思い出してみたら、具体的な「誰か」の姿が見えてくると思います。

なぜなら、**私たちは元々、自己否定をするような生き物ではない**からです。

理由は簡単です。

自己否定をし続けると、死んでしまうからです。

わざわざ死に近づくようなことを、本来生き物は絶対にしません。

それではなぜ、今、自己否定が止まらないのか。もちろん、そのことにも理由があります。

それも簡単なことではありません。つまり「誰か」に否定されたからです。**具体的な「誰か」から私たちは否定することを学んだのです。**

私たちは「生きのびるため」に「誰か」から「否定すること」を学んだので

しょうか？

そんなわけはありません。なぜなら自分を自分で否定し続けると死んでしまいますから。

それなのに、**私たちは「自己否定」を学んでしまっています。**

少し変ですよね。とりあえず今のところはこの「少し変だな」と感じるくらいで大丈夫ですので覚えておいてください。

生きのびていく上で、まったく必要のないはずの「自己否定」をなぜか私たちは「誰か」から学んでしまっています。

まずはこの具体的な「誰か」を見つけ出してみましょう。必ず見つかるはずです。そうじゃないと、学ぶことができませんから。

抽象的に学ぶことはできません。学ぶ時は必ず具体的な「誰か」がいます。

そうじゃないと手とり足とり学ぶことができませんから。

もちろん、この学びは明らかに「間違った学び」なのですが。それでもまずは特定していきましょう。

みなさんが自己否定を学んでしまった「間違った先生」は一体誰でしょうか？

具体的に話すために、今回は私の話を例にして、考えてみることにしましょう。

私には父と母がいました。この父と母の関係については後でまた詳しく話す必要があるのですが、ひとまずは私が物心ついた頃の父と母の関係について話をしましょう。母は父をいつも罵倒していました。それこそ毎日罵倒していたように記憶しています。私には父がそんなに罵倒されるような何もできない人には映っていなかったのですが、母にはそのように見えていたようで、父の行動、それこそやることなすことあらゆるところで、母の罵倒が飛んでいました。そんな罵倒が飛び交う光景を他の場所で、他の人たちの間で、私は見たことがありませんでした。しかし、父と母ですから、私にとって一番近い場所です。そこではいつも母が父を罵倒し、父はどうしようもない人みたいな烙印が押されていたような気がします。

夫婦喧嘩みたいになることもあったのですが、基本的には母からの一方的な父に対する攻撃だったと私は認識してます。

私が止めに入ったこともあります。まだ小学生の頃でした。

母に向かって、少し言いすぎではないかと注意したこともありますが、母が私の忠告を受け入れて父に謝罪したことは一度もありません。

父には罵倒する根拠がある、だから罵倒するのだ、と母は言い切ってました。

母が父を罵倒するには以下のような根拠がありました。

- 父は母と結婚するために、年齢を詐称した。

- 父は母と結婚するために、貯金があるように言っていたが、実際は借金があった。

- 父は母と結婚するために、自家用車を持っているように装っていたが、実際は友人に借りた車だった。

- 父は母と結婚するために、高度経済成長期に急成長を遂げていた会社に勤めていて出世するはずだったが、実際は出世できなかった。

つまり、母は騙されて結婚した、ということを訴えているわけです。私はそこまでして父は母と結婚したかったのだと少し微笑ましく思ったものですが、母にとっては許せないことだったようです。他に結婚したい相手が実はいた、ということも聞きました。それでも母は父を選んだはずなのですが、実際結婚してみると、実情が違っていて、そのことにいまだに腹を立てているのです。腹を立てているのなら離婚すればいいのではないかと思うのですが、しかし、離婚はしない様子で、それは子供が三人もいたからということもあるのでしょう。そんなわけで、永遠に問題が解決しませんので、永遠に罵倒が止まらないという状態になってました。

そんな父への罵倒を私はずっと横で見ながら成長してきました。

そして、私はどうやら「父に似ている」と母に言われていました。父に似ているわけですから、私もどこか「おかしい」人なわけです。

私も「劣った」人だとよく言われてました。

そんなふうに言われるのは嫌ですから、結構勉強をしました。小学生のときはずっと100点ばかり取ってました。劣ったと言われるので、それが嫌で、結構意地で頑張ったところもあります。すると、母はこう言うのです。

「勉強はできるけど、勉強以外はほんとダメね」

今、書きながら、本当に手厳しい人だな、と改めて思いました。ちなみに、母は大学も出ていません。特に何かに優れているというふうには見えませんでした。父に対する罵倒が少しずつ私にも向かってきているのを感じました。勉強以外は、何をやっても褒められることがありませんでした。私には家族五人、私が長男で、一つ下の弟、四つ下の妹がいるのですが、弟と妹は父には似ていないとのことでした。そのため、子供の中では私だけが父に似ている少し変な人として認定され、**いつも母はそんな私を馬鹿にしたような態度で接しました。**

ある日、家族五人で洋服を買いに行くことになりました。私が小学生6年生か中学一年生くらいだったと思います。弟と妹は洋服が好きで、何か好きなものを選んでいました。私はあんまり洋服に興味がないので、付き合うだけという感じでした。そもそも私の洋服に興味がないところも馬鹿にされていたのですが、私も一つ選んでみたらと言われたので、あるTシャツを選びました。すると、それを見て母が「やっぱりあなたは変だ」と言ったのです。そうすると、すぐに私の体は固まってしまいます。この時を境に、私は洋服屋で洋服を選ぶということ自体ができなくなってしまいました。笑われてしまいそうで、恐ろしくなってしまうのです。

私の自己否定にはこのような「母」からの具体的な「否定」がきっかけにな
ってます。

私の中の罵倒する「誰か」は「母」なのです。

それ以外には考えられません。他の誰からも罵倒されたことがないからです。

ここで重要なことは、犯人探しをしているわけではないということです。ここで「母」が悪いとわかったので、今すぐ母に会いに行き、あなたが悪い、と口で言っても仕方がありません。一方、母は何も悪くないということでもありません。とにかく私たちの今の課題は「自己否定を止めること」です。ひとまずそのことに集中してみましょう。**自己否定の原因になった具体的な「誰か」がわかったとしても、決してその人を今のみなさんが糾弾しないことです。**なぜならそれをしたとしても、自己否定は止まらないからです。

自己否定はあくまでも自分の問題です。他者の問題ではないのです。

逆に言えば、自分一人で解決することでもあるので安心してください。

自分一人で解決するために、具体的な「誰か」を特定する必要があります。特定することができたら、その中で印象的なシーンを思い浮かべてみてください。私で言えば、先ほどの「洋服を買いに行った」シーンです。

そこには否定する源の「母」がいて、12歳くらいの「私」がいます。そして、悲しいことですが罵倒されてます。そして、そこに信頼できる人を登場させてみましょう。私にとって信頼できる人は、10年以上も親友のギャラリストのタビトくんで、私の絵をいつも展示し販売してくれる心の支えです。鬱の時でもいつも連絡をすることができて、私のどんな一面も素直に見てくれます。いつも時間に余裕がある人で、電話するとすぐに相談に乗ってくれる人でもあります。

彼に仲間に入ってもらって、洋服屋で母に罵倒されているシーンをもう一度振り返ってみましょう。

私「僕はこれを買おうかな……」
母「やっぱりあなたは変ね、なんでそんなものを選ぶのよ」

ここでタビトくんが店内に入ってきます。

タビト「おー、恭くん。お久しぶり。いいねえ。新しく洋服を選んでいるんだね」

私「うん、そうだよ」

タビト「恭くんは、人と違う素敵なセンスがあるからね。どんな服を選んだのかな。あ、お母さんこんにちは」

母「タビトくん、こんにちは。熊本に戻ってきたの？」

タビト「そうですそうです。恭くんの絵がすごくて、それをまた展示させてもらいたいと思って見に来たんです。お母さん知ってます？恭くんの絵、すごいんですよ。この人の絵は30年後には熊本市現代美術館ってところで個展まで開催されて、たくさんの人が絵を見て喜ぶんですよ」

母「え、そうなんですか。恭平の絵が良いなんて……変な絵でしょ？」

タビト「何おっしゃってるんですか。恭くんの頭は変じゃなくて、人と違って素晴らしいんですよ。人には描けないもん」

母「はあ……そうなんですね……」

タビト「え、そのTシャツを選んだの！　いいね！　さすが感覚が違うねえ」

私「タビトくん、ありがとう。嬉しい！」

タビト「お母さん、さすがお母さんのお子さんですね。恭くんはTシャツもかっこいいのを選ぶ」

母「そうですか？　そうは思わないですけど」

タビト「なんか意地悪ですね。人が選んだものを悪く言って何か良いことありますか？　そんなことされてお母さん嬉しいですか？」

母「……」

タビト「恭くん、最高のチョイスだと思うよ！」

私「やったー！」

母「恭平よかったね、素敵な友達がいて」

私「うん！　お母さんにもそういう友達がいるといいね」

タビト「これから竹籠編んでる友達の家の庭でバーベキューやりますから。お母さんも来たらいいじゃないですか」

母「ええ、でも私は友達じゃないし……」

タビト「関係ないですよ。竹籠好きなんでしょ？」

母「好きですけど……」

タビト「恭くんはむちゃんこ友達が多いんですよ。ぜひぜひお母さんも。竹籠の友達むちゃんこいい人だし、きっと楽しいですよ。恭くん、いいよね、お母さんも一緒に？」

私「もちろん！　お母さんも楽しんだほうがいいよ！」
タビト「ほら、行きましょ行きましょ。家族みんなで行きましょう！」

こうやって、タビトくん（信頼できる人）が入ってくると、罵倒されている私が勇気づけられて安心するだけでなくて、罵倒していた母の気持ちに変化が起きていることに気づくと思います。母は自分が罵倒していることに少し恥ずかしさを感じているように見えませんか？　そりゃそうです。罵倒は基本的に全て完全に間違っていますので、そんなことをタビトくんの前で言い切ることはできないはずです。第三者を、しかも信頼できるいつも応援してくれる人を登場させると、このように自己否定のもとになっている「誰か」の否定自体が和らいでくるだけでなく、その「誰か」、つまり罵倒の張本人が、自分が言っていることは間違いかもしれないと、少し動揺してくるのです。これもとても大事な瞬間ですので、みなさんも経験してみてほしいです。人前では、罵倒も存在しないように、自己否定も存在しないんです。そんなことをやっている母が自ら恥を感じてくれたら、自己否定をしている自分も同時に恥ずかしくなってくるはずです。

というわけで、可能な人は、この「信頼できる人」をどんどん増やして、どんどん自己否定世界に、つまり、誰かに罵倒されている世界に、呼んできましょう。複数人いれば、さらに罵倒している「誰か」はどんどん恥ずかしがってくれます。

そうやって、傷ついたあなたを今、
想像の世界の中で、どんどん守っていきましょう。

自己否定がまったくもって意味のないおかしな罵倒にすぎないと、少しずつ体で感じることができていけばこっちのもんです。

ちなみに、私の場合の「誰か」である母は、今の母とは違います。

今は少しずつ丸くなり、今ではそこまで父を罵倒していません。それなりに経験を積んでその間違いに自分で少しだけ気づいたのかもしれません。母の場合は、自己否定をするのではなく他者否定をすることで何かを守っているようにも見えます。だから、母に直接忠告したりはしなくていいんです。

なぜならその「母」は「今の母」とは違うからです。

その時の「母」はまだ30代でした。彼らが結婚したときは20代前半。そんな時に、父が言っていたことが全部嘘だったと知ったらどうでしょうか。

それは罵倒しても仕方がないかもしれません。父も結婚したかったとはいえ、正直に自分のことを話さなかったのは間違いでした。

20代のあなたを思い浮かべてください。あなたは20代かもしれません。私が20代前半でこのような状況だったらと想像してみると、とても不安だったろうなと思います。もちろん「母」の父や私に対する行動は間違いでした。まったく擁護する余地はありません。しかし、それは今の母ではなく20代前半だった頃の母です。そこを混同しないようにしましょう。

20代前半の母は間違っていた。そのことだけをしっかりと認識しましょう。そして、信頼できる人に間に入ってもらって、その間違いを次々と訂正していきましょう。

きっと想像上の母も、恥ずかしがって、みなさんの想像上の「誰か」も恥ずかしがって、少しずつ自分がしてきた間違った行いに気づいていくはずです。

やればやるほど信頼できる人たちの言葉ははっきりとキッパリと罵倒に対し

て抵抗してくれるので、この行為は苦しんだ瞬間に、つまり、自己否定が止まらないと思った瞬間にすぐ思い出して実践してみてください。

そのうちに以下のようなことに気づいていくことでしょう。

自己否定が止まらない時は、昔罵倒された「私」が助けてと呼んでいる時である、と。

私はこのことに気づいた時に驚きました。

自分にとって一番苦しい時、

一番嫌な時だと思っていたのが反転しました。

自己否定が止まらなくなった時、私は助けを呼ばれていると感じるようになり、行動を起こすようになったのです。**信頼できる人を呼んで、一番辛かった時に戻り、罵倒する「誰か」に抵抗するようになりました。**罵倒された瞬間に戻されることはあっても、罵倒自体を完全に否定してくれる仲間を得ましたので、その都度苦しんでいた昔の「私」は励まされ、罵倒自体を完全に否定することができるようになりました。すると、罵倒していた「母」も恥ずかしくなり、母自身が少し丸くなっていったのです。

こんなことなら、自己否定がまた来ればいいのに、とすら思うようになりました。

不思議なことに、この経験から、私は、さあ、自己否定よ、どんと来い、またやって来い、信頼できる人とみんなで片っ端からその罵倒を否定してやるぞ、という精神になってきたのです。

自己否定が止まらない瞬間を、こちらから待ち構えるようになりました。

STEP

5 元気な時の自己否定

自己否定が止まらない瞬間をこちらから待つようになってきて、次にどうするのか。

気になりますよね。ですが、その前に、一つ書いておきたいことがあります。

「見えにくい」自己否定についての話です。

冒頭でも書きましたが、私は躁鬱病を患っています。つまり、元気な時である躁状態と、元気がない時である鬱状態を定期的に繰り返す症状です。29歳の時に診断されましたが、実質大学生の頃から、おそらく21歳くらいから困りはじめ、29歳になって、子供ができてから、体が動かなくなることが多くなっていきました。現在46歳ですから、それから17年くらい大変な毎日を送っていたわけです。元気な時は元気になりすぎるし、鬱状態の時は死にたくなってしまっていました。で、この鬱状態の時、自己否定がとんでもないことになっていたのです。

この鬱状態のときの、自己否定をなんとかしたいものだとこれまでいろいろと試してきたのですが、ほとんどうまくいきませんでした。自己否定をなんとかしないようにと思っても、どうしても止めることができなかったのです。いろんな本を読んだりして、克服しようとしてきましたが、何をやってもうまくいきませんでした。

そんな私が、今では自己否定をしなくなったのです。自己否定をしないだけでなく、元気な時にやりすぎないようにもなりました。**元気な時、つまり一見自己否定をしなくなった時も実は見えない形で自己否定が起きている**ことにも気づいたからです。

それは「もっとうまくできる」という考え方です。

鬱状態の時は自己否定がわかりやすいんです。お前はダメだ、無能力だ、人から笑われている、馬鹿にされる、もうこれから悪いことしか起きない、お金も稼げない。そんなふうになります。鬱状態の主な症状がこれです。鬱状態とは無気力になり、力が出せなくて体を起こすことができなくなると言われていますが、その理由がこの自己否定思考が強くなることから来てます。鬱状態になぜ自己否定が起きやすくなるのか、ということについても考えてみたいと思うのですが、それは後で話します。それくらいわかりやすく自己否定が起きてしまう。それが鬱状態です。

私は躁鬱病ですから、鬱状態の次には必ず躁状態が来るんですね。躁鬱病は約100人に一人くらいの割合らしいので、そんなに少なくありません。躁状態になると、何も問題は起きていないように見えます。自己否定もないように見えるんです。自分はなんでもできると思っています。それもまた極端だと思うのですが、それでもそう感じてしまうのだから仕方がありません。夜遅くまでずっとアイデアが溢れ出て、思いついたらすぐに行動してしまいます。そして電話をかけてしまう。どんどん思いついた人に電話をしてしまい困らせてしまいます。一度話をしたら、ずっと止まりません。会話ができないんですね。

自分が考えていることを伝えるばかりで、人の話を一切聞けません。

しかし、最近の私の見解では、この**躁状態にも「自己否定」が紛れ込んでいます。**

それは当然のことです。自己否定が止められない私が、躁状態だからといって自己否定を忘れるはずがないからです。

どのように自己否定をするのかというと、先ほど伝えた「もっとうまくできる」という考え方です。

何か一つ仕事を終えたとします。元気になりましたので、自分はダメだという余計な考え方はしておらず、スムーズに仕事を進めることができます。しかし、仕事を終えても、ほっとするわけではないんです。その反対で、何か焦っています。自分がなぜこのように焦っているのか、ということはなかなかわかりませんでした。医学書を読むと、躁状態の症状で、焦燥感、と書いてあるので、ただの症状か、と認識しようとするのですが、なぜ焦燥感が発生するのかがわからないので落ち着きません。

この自己否定をやめるための方法を自分で進めながら、私は元気な時の焦燥感についても観察するようになりました。そして、あることがわかったのです。

確かに、仕事はスムーズに終わらせることができます。これは24時間自己否定してしまい、ぐったりと寝込んでしまう鬱状態の時とは違います。さっと終わらせて、また次の仕事、とどんどんやろうとしています。自己肯定の塊のように突き進んでいるように見えます。

しかし、仕事を終わらせてもまったく満足してくれないんです。なぜでしょうか。

それは常に「お前はもっとできる」という声が聞こえてくるからです。

それなりに成功をおさめても、その時に自分に「もっとうまくできるはず」と声をかけてしまっては、また次をすぐにはじめないといけなくなります。それなりにお金を稼いだ時でも「もっともっと」と私は声をかけてしまっていました。

やった仕事の内容のことをほとんど見ずに「もっとできる」とどんどん声をかけてしまうのです。

これでは休むことができません。横になっていると「このままでいいのか、寝てても何も始まらない、もっとやりなさい、やれるんだから、もっともっと」と声が聞こえてくるので、落ち着かないんです。私は「昼寝ができないことに困ってました。

こんな調子ですから仕事をやり終えても、

「はー、よかった、無事に終わった。満足した。しばらく休もう」

と言えないんですね。家族はゆっくり休んだら、と声をかけてくれますが、私自身が「もっとできる」と言っているので、休めないんです。

実はこれも「自己否定」なのです。

元気な時に発生する見えない形の「自己否定」。それが「もっとできる」という考え方です。

これも見えにくいですが「自己否定」です。


元気な時には、自分自身について自己否定していないように見えます。一見そう見えます。健康そうに見える。しかし、実際は「もっとできる」と言い続けている。つまり、現在の自分を少しも受け入れてあげられていないんですね。

私の経験としては、学生の時、試験があるとします。試験では良い結果を得ました。自分としてはほっとしています。

その時「母」が、つまり私にとっての自己否定の源がこう言います。

「あなた、今回の試験が良かったというだけで油断しては受験で落ちてしまうわよ。次どうなるかわからないんだから」

「今回は10番だったんだ。それならもっとやったら一番になれるんじゃないの？」

どう転んでも、今回の試験の結果に満足してくれないんです。

私としては、

「すごいね。自分で努力してそれで結果が出せたら嬉しいだろうね。私も影響を受けて、自分なりに縫製の勉強をすることにしたの。あなたの姿を見ていたら、自分もやってみたくなった。本当にすごいよ。試験も終わったことだし、少し疲れてそうにも見えるから、しばらくはゆっくり休んだ方がいいよ。お風呂できたから、ゆっくり入ってきたら？　お風呂上がりにマッサージしてあげるよ」

とか言われたかったです。

自己否定とはなにか、ということを考えていく上で、このように元気な時にも自己否定が紛れ込んでいるということにも気づくようになっていけるはずです。

このように私は鬱状態の時だけでなく元気な時ですら、朝起きると「さて、私は何を発展させなきゃいけないのか」というふうに考えていることに気づきました。とにかく今の現状がダメであるという自己否定をしているのですが、それがあまりにも無意識に行われていて気づかなかったのです。今の現状がダメだと思っているから、ゆっくりできなかったのです。

みなさんの中にも「休みの日に休むことができない」という人がいると思います。いのっちの電話で私はあまりにも多くの人が「休めない」と言っているのを聞いてきました。おそらくみなさんも私と同じような考え方を生活の中で身につけてしまっている可能性があります。

「今のままのお前ではダメだ。もっとできるようにならないといけない。今の状態で満足してはいけない。うまくいったからといって油断してはいけない。いつうまくいかなくなるかわからないんだから」

多くの人が私と同じようにこの思考に入っているような気がしています。これももちろん自己否定です。罵倒のような強烈な自己否定ではないので一見、気づきにくいのですが、明らかに自己否定です。そして、これもまた明らかに、自分自身が元々持っていた考え方ではなくて、おそらく周りの誰か、周りの大人でしょう、誰かの考え方を取り入れてしまっている可能性があります。

この考え方は、一体、なんなのでしょう。

これは「**いつかダメになってしまうかもしれない**」という「**恐怖心**」です。

私の場合で考えると、母は恐怖心が強すぎます。何事も少しは怖いのですが、でも怖いからといって諦めたら何事も先に進みません。最初は怖いけれども、少しずつ慣れてくれば克服できます。そして、恐怖心を克服して、挑戦すれば新しい世界に足を踏み入れることができます。しかし、母は恐怖心が強すぎるあまり、挑戦することを忘れてしまいました。母は挑戦をしないので、恐怖心を克服できません。一方、私は何事も怪我をしても気にせずやりたいことをとにかく徹底してやりたいと思う人間でした。だから、私を見ていると恐怖を突かれてしまっていたのだと思います。

私は試験で良い結果を得ると「やっぱり自分はすごいんだなあ、努力したらちゃんと結果に現れるものだ」と満足してました。そんな私の姿を見て、母は恐怖心が発生したのだと思います。だから「そんなふうに自分でできると思い込んでいたら、あとで落とし穴にハマるわよ。努力を怠ったらダメよ」と言ってしまうのです。

そんなことがあったので、いつの間にか私は元気な時にも無意識に自己否定をしてしまうようになっていました。だから、朝起きてすぐになぜか不安になるのです。何かが足らないような気がします。何かしなくちゃいけない、みたいな焦りを体が感じています。

鬱状態の時の自己否定は、ある意味では単純でわかりやすいです。お前はダメだ、と言われて、それで落ち込み、体が動かなくなるわけです。一方、元気な時の見えにくい自己否定は、お前はダメだとは言わずに「現状が」だめなだけだからもっとやりなさい、と言ってくるわけです。そして、**体は元気ですから、もっとやれ、と言われて、もっとやれてしまうのです。**やれてしまうので、やりまくってしまいます。

みなさんもそうじゃないですか？
休むことが苦手だったりすると思います。

自己否定をする人であれば、元気な時にはもっとやりなさい、と言っているはずなのです。だからとことんやってしまいます。それで結局は疲れが溜まって、体が動かなくなります。そして、鬱状態へと向かっていくのです。

死にたくなるほどの鬱状態時の自己否定は、つまり、この元気な時の見えにくい自己否定による酷使から発生しています。

何をやっても「もっとできるはず」となってしまうのです。つまり、常に現状を見ていない状態です。恐怖心が先回りしてしまい、今の自分の行動を喜んだり、褒めたりすることができていません。そのため当然ですが「満足」することができません。無視しているので、永遠に満足することができません。満足していませんので「休む」ことができません。体は疲れていますから「休みたい」はずです。しかし、恐怖心から焦りが生まれているので、それができない。そ

現状に満足できない、のではなく、現状をまったく無視しているのです。

うなるとやりたいことですら「義務」になってしまいます。休みたい体を起こして、なぜかわからないけれど、もはややりたくもないのに、やらなくちゃいけないことになってしまっている。これでは死にたくなってしまうのも無理はありませんよね。

現在、みなさんがどのような精神状態かで少し分かれてしまうところですが、自己否定が強く死にたくなってしまっている人、疲れ切ってしまっている人は、どちらかというと鬱状態ですので、STEP4までを試してみましょう。

一方、自己否定が強くはあるが、体は動けている人、こちらはまだ元気な人と言えます。元気な人は、見えにくい自己否定に気づいていく必要があります。見えにくい自己否定は本当に気づきにくいですが、しかし、まだ体は元気ですので、いろいろと試すことはできるはずです。

私はこの元気な時に、以下のようなことを試しました。

①朝起きてすぐ「あなたは何一つ変えなくていいよ。今のままで最高だよ」と黙って自分に言い聞かせる。

私が注目したのが朝起きてすぐです。私はこれまで朝起きると、すぐに仕事をはじめていました。執筆や絵画制作が仕事ですので、自由といえば自由なんです。だからこそ、見えにくい自己否定が働きやすいとも言えます。知らぬうちに、もっとできる、今のままではダメだ、いつかダメになる、みたいな見えにくい自己否定をしていました。つまり、朝起きると、いつも「自分は何かが物足りない、だから毎日仕事をしなくちゃいけない」と唱えてしまっていたんですね。これが朝起きてすぐ襲ってくる不安の正体でした。そこで、私は、少し馬鹿みたいかと思われるかもしれませんが、朝起きてまだ寝ぼけているくらいの時に、布団に入ったまま、すぐに起きずに、目を瞑った状態で「**あなたは今のままで最高だから何一つ変えなくて良いんだよ。そのままでいい**」と何度も声をかけることにしました。もちろん、これは私の場合ですが、とにかく、何か向上させなくちゃいけないという幼少から身についた恐怖を取り払うために必要な声かけでした。自分がなんと言われたら安心するのか？　ということをみなさんも考えてみて、それを毎日、自分に言ってあげてください。意外と効果的でした。意外というか、むしろこの方法で、私は元気な時に、ゆったりと仕事をするようになったのです。変えなくていい。向上させなくていい。やりたいことをやってみていいんだよ、と声をかけることで、穏やかになり、仕事が逆にうまくいくようになりました。義務感が減ってきたと言えるかもしれません。

②やりたくないことをまったくせず、したくないと口に出して言い、やりたいことだけを徹底してやる。

朝の声かけが済んだあと、私はとにかくやりたいことをやることに集中するようになりました。仕事であっても家事であってもなんでもです。朝起きて、私はいつも娘の弁当を作るのですが、それもやりたいかどうかを自分に聞いて、やりたいと思えたらやる、やりたいと思えなかったら、まずは一度妻に相談して、妻に作ってもらえないかを聞くようになりました。**やりたくないのに、誰にも何も言わずに黙ってやるようなことをしない、と決めたのです。**妻も疲れている時は、結局私が弁当を作りますが、それでも一度は妻に、今日はやりたくないからやってくれないかと聞くのです。仕事も一つ終わるたびに、自分に聞いてみました。

もっとやりたいのかどうか？

やりたくないと思ったらその瞬間にやめて、違うことに取り組みます。昼寝も寝てみたいかどうかを聞くようになりました。すると、昼寝ができるようになったのです。さらに、もっとやりたいと思った時は絵もどんどん描くようになりました。やりたくない時は一枚も描かない日も増えました。今までは毎日必ず一枚絵を描くと決めていたのですが、その辺が緩くなりました。しかし、描きたい時はたくさん描くので、結局1ヶ月に描いている量は変わりませんでした。それでも体は楽になったのです。

見えにくい自己否定に気づき、修正することはかなり難しいです。調子が悪い時の自己否定はあまりにもわかりやすく書き出しやすいですが、元気な時は気づけません。だから、ここはもうこの文章を読んでもらえたらいいと思います。自分で気づくのは難しいですから、文章の方がわかりやすいはずです。

何よりも、元気な時はもちろん「元気」ですから、このような①②のような取り組みを積極的にできるところが良いところです。調子が悪い時はなかなか「やりたいことを見つけなさい」と言われても難しいです。「あなたは最高だよ」なんてことも絶対に言えなくなってます。なので、調子が悪い時はこの二つは試す必要がありません。これはあくまでも元気な時の対処法です。しかし、この**元気な時の見えにくい自己否定こそ、自己否定の大元**なのではないか、とも私は思ってます。

「もっとできる」思考では、満足することができないからです。満足できないということは「実感」がないということにつながります。自己否定が強すぎるとこの「実感」が乏しくなってしまいます。逆を考えると、自己否定が緩くなって、ついには止まると「満足」できるようになり、「実感」が戻ってきます。

私は自己否定をほとんどしなくなった時、両足をようやく地面につけて歩きはじめたような感覚に包まれました。それで、元気な時ですら、実感をなかなか感じていなかったことに気づきました。満足なんかできるはずがないわけです。だから、休むことができなかったのです。

自己否定をやめる100日

〈日記〉

1日目

2023年12月21日開始

あと99日

自分大好きが暴走してると考える。理想が高すぎる。ダメでいい。ぼーっとしてていい。なんなら半年、一年とこもっててていい。子供とも話せなくてていい。仕事もできなくていい。楽しめなくてもいい。好きなことがなくてもいい。なのにできてるんだから百点満点。友だちいないのに、意外とできてるのもすごすぎる。とにかく、元が最低最悪なのに、やれてること多すぎるのがやばい。それがすごすぎる。思いつくわけがない。それなのにできちゃってるのがまじやばい。そうやって考える。自己否定をとにかく止めることに向かってみる。自分大好きすぎて暴走しちゃってるからいきすぎいきすぎーってちょっと笑い話にする。自己否定していること自体をもう全部肯定しちゃう。自己否定がはじまったら、そう思っちゃうのも仕方がないよ、と声をかける。

とにかく、やることは、自分で自分を褒めることができたらなんの問題もなくなる、ということだ。元々人とも関係を作ってはいるんだから、元気な時のように付き合うことができると思う。それでいいんだから。

---

①子供時代の自分を肯定する良き理解者になると決める。

自己否定は、子供時代の自分の悲しみと捉える。理解して寄り添うものだと変化していく。

②自己否定がでたら、自分にある言葉をかける。

あんなに辛い思いをしたんだから仕方ないよ。辛かったね。でもよくがんばったよ。きっと過去に辛い思いをしたんだよ。よくがんばったよ。
③自己否定が止まらなくても、もう一度同じ言葉をかける。
あんなに辛い思いをしたんだから仕方がないよ。でもよくがんばってきたね。自己否定しようがしまいがどっちでもいい。どっちでも受け入れてあげる。

④自己否定は癖である。
⑤ありのままの自分でいいんだよ、と全部受け入れてあげる。

フーに対する怒りみたいなものがあるが、それは嫉妬だ。健康でいることに対する嫉妬。でもそういう怒りの感情は、本当は自分が苦しいとか寂しいことに気づいてあげた方がいい。

2日目

あと98日

朝6時半に起きて、二人に朝ごはんを作った。自己否定がそこまで強いわけではないような気がする。なかなかやる気にはなっていないが。このまま鬱っぽい状態で行くのか不安。体もやっぱり凝っている。でもこの原因は、体を動かしてないから。

今日は、午前中は家で原爆の漫画を読んで面白かったし勉強になったし、第二次世界大戦についてももっと知りたくなった。お昼ご飯はオムレツを作ってあげて、そのあと、アトリエで梱包。その後図書館で本を借りてきたら、やっぱり村上春樹の本が面白すぎて、毎日走ろうと思った。1ヶ月は誰にも言わずにやり続けてみよう。作家として生きるなら体力はつけていかないとだめだし、毎日やることが大事。作品作るのも毎日やる。そして毎日走るのもやる。こうやって生きていけてるんだから、最低限それだけはやっておこう、と思った。そして村上春樹が好きなんだから、村上春樹の本をまずは全部読破してみたいと思った。

　自己否定をやめる１００日、2日目にして、結構いい感じです。自己否定という言葉を使うのをやめた。これは自己否定じゃない。子供時代の悲しみを感じている。だからそれをとにかく癒すと決めたのだ。自分を助けないとダメじゃないか、と。恥ずかしいが、僕はどうしてもそれができないでいたから。それをやってあげると決める。そして、失敗してきたけど、もう失敗を繰り返すのではなく、毎日失敗してもいいけど、そこを修正して、同じ失敗は繰り返さないようにしていきたい。躁状態になってもそれで完全解放させるのではなく。

3日目

あと97日

　朝起きたけど、6時から仕事しようというモードにはなれず、まだまだだ。でもやろうという気にはなっているし、朝じゃなくても、休まずやり続けることは再開していこうと思っている。これからはもう生活自体を変えていく必要がある。タバコはもうやめなくちゃいけないだろう。走るんだから。

　それで10時からアオとフーを入試説明会のため通信高校に送って、家に戻りゲンにお昼ご飯をつくる。ナポリタン。そして、そのあと、ゲームを少しして、二の丸でジョギングをスタート、これもどこまで行けるかわからないので、とりあえず散歩をしていることにしておこう。1時間やってみたいが、まずは無理をしないでおこう、ということで20分間走。20分なら全然走れると思った。今日は無理せずこれくらいにしといて、あとは家に帰ろう。明日は30分走りたい。毎日休まずやる。仕事もそうだ。そして読書もそうだ。とにかく体をつくる。躁鬱を治すという前に体を作る。郵便局の集荷を頼んだ。アトリエで原稿8枚書いた。そしてアオを車で迎えにいく。そして、今日はしゃぶしゃぶ。

フーはスマホをずっと触り、それがなんか寂しい感じがする。そして、家にいても楽しいと感じない。それなのに、誰かと一緒に遊べばいいのにそれをしない。自分が楽しいと思えることをするのが一番。でもここで怒りに変えないこと。なんか寂しいなと感じたら、寂しいと伝えたらいい。でもそれなら一緒にいる時に楽しい顔しないとね。一緒にいる時、辛いという話ばかりだったら、それは相手も楽しくないから。僕は遊びを知らない。自分が楽しんでこそ、まわりも楽しませることができるのに。

家族3人は楽しそうにしてる。ここで感じるのは自分なんかいなくてもいいやと思ってしまうこと。いつもの感じである。でもそうじゃない。子供時代の悲しみを今感じてる。子供時代の寂しさを。そうだ、いまそれを感じてる。夜までなんとか寝込まずにやれた。それだけでもすごいことだ。今はかなり苦しい時だから。それでなんとかやっていけたんだから。

とにかく常に気持ちの良い文章と音楽を体に通していく。そうじゃないものは通さないくらいの覚悟を持っていく。

4日目

朝5時に起きて、アトリエで原稿を書いてみようという気になったが、やってみて、自分にとって面白いと思える作業ではないことをずっと感じてた。これは続けてられない。しかし、他に何がある。僕はこれまでずっと続けてきたのに、全くやりたくなかったことに気づいている。やりたいことはやりたいが楽しいと感じること自体ができない。苦しさがまた強烈でどんどんやる気が削がれていく。これはもう本当に何もできなくなるんじゃないかと不安になる。家に戻っても苦しいだけなんで戻れない。フーはもう呆れてしまっている。子供達とも笑顔で接することができないので、申し訳なく、アトリエの書斎に籠るしかない。そしてまた自己否定がはじまるのか。しかし、ここで止めてみたい。

幼少からの信条を決め込んでいることにかなりしんどくなっている。もちろんこれが鬱ってことなのかもしれないけど。とにかくずっとしんどいので大変だ。それでも4日目。少しずつやっていこう。今日は走れなかった。仕事をしようとしたが、何かをやろうと思っても、お前には絶対にできない、やろうとしても結局できないと頭の中で聞こえてくる。そして、家に帰ってきたら今度は、過ごしにくい。どうやって過ごせばいいのかわからなくなる。家の中で人と一緒にいるとなぜかリラックスすることができない。一人になるとすこし楽ではある。

私は重要な存在であってはならない。
私は存在してはならない。

私は居てはならない。
私は正気であってはならない。
私は健康であってはならない。
私は人に心理的に近づいてはならない。
私は欲しがってはならない。
私は信頼してはならない。
私は安全を感じてはならない。
私は楽しんではならない。
私は感謝してはならない。
こう強く思っている。

とにかく自分の自己否定に飲み込まれないようにしてみるぞ。フーちゃんに嘆かないこと。フーちゃんやアオゲンとはできるだけ楽しんで、一緒にいて気持ちが楽になるはずだから。邪魔じゃない。事実に向き合う。妄想しない。

絶望とは、全てのことに見通しがつき、全ての選択肢が否定された状態である。全てのことに見通しがつき、全ての選択肢の可能性が吟味できて、しかもその可能性が全て否定できる。天才どころか、神のみが成せる技である。馬鹿馬鹿しいにも程がある。随分と暇な神様がいたもんだ。

私には絶望する才能もなければ、そんな馬鹿馬鹿しい作業を試みる程の暇もない。先の見通しは、いつも「わからない」。見通しが「ない」と「わからない」では決定的に違う。見通しが「ない」と御託宣を下せるのは神の業である。「わからない」とするのは、私にもできる。それを後悔して何かになるんか？

怒りは私の人生を非効率化させる。後悔の無意味さ。他人の結果論は否定するのに自分に関しては結果論ばかり。いつも良かれと思ってやってきたことだし、それ以外にできなかった。そして自分のことを有能な預言者だと勘違いしている。何様のつもりか。何をもって間違っていると断言できるのか。自分の人生を後付けでなんでもありで解析批判する人ほど、他人も盲目的に批判してしまう。

5日目

あと95日

朝6時半に起きてアトリエへ。目が覚めて家でゆっくりするよりもアトリエに行って仕事しようと思う方が気分が楽だ。今日の目標は1日自分の納得できる時間を過ごすこと。何をすればいいのかわからないみたいな時間があってもいいし、自分のありのままをそのまま肯定する練習。自己攻撃性の無意味さ。絶望することはまったく無意味。人からの非難に怯えない。人からは学べるんだから話を聞いてみる。なるほどと思えたら受け入れて自分の成長に役立てる。

自分に友達がいなくて、このままでは孤立してしまうと思っていることは、何か良いことがあるか。まったくない。そうやって攻撃すれば落ち込むだけだからだし、友人がいないわけでもないから。家族もいるし、友人もいる。苦しい時はあんまり会いたくないと思うだけ。だからそのことを攻撃しないこと。とにかく自分を攻撃しないようにしよう。後悔、反省、懺悔、のふりして、自分を攻撃している。

不幸の原因探しをやめる。やめてみて初めて自分は自分を不幸にしようとしていたことに気づく。自分のために相手に対して共感したり感謝の気持ちを伝える。伝えると相手も嬉しくなってもっとご機嫌になる。自分は凡人なんだから、隠れる、逃げる、サボる。

もっとちゃんとしなくてはいけない、と思い込んでいる。文も絵も歌もちゃんとしなくちゃいけない、ただ楽しんでいるだけではいけない、ちゃんとしたものを作らなくちゃいけない、となってしまっている。休んではいけない、サボってはいけない、親として示さなくちゃいけない、とか、そんな感じ。ちゃんとしなくちゃいけない、と思い込んでるから、恥ずかしい。そうじゃなくて、困ってることも伝えて、助けてもらう、まずは愚痴をこぼすところからはじめる。

今は苦しい、何が苦しいって自分をずっと否定するから、何も楽しく感じられない、家族と居ても苦しい、外にも出れない。一人でいても苦しい、仕事ができる状態じゃない。自分の心を一人ぼっちにしないと決める。

僕が好きな人
ボブ・ディラン、ピカソ、クレー、フーちゃん、旅人、「バック・トゥ・ザ・フューチャー」のマーティ・マクフライ、「カッコーの巣の上で」のジャック・ニコルソン、カフカ

僕のサポートネットワーク
家族、橙書店久子、まりちゃん、かずちゃん、旅人、梅山、みねちゃん、えっちゃん、いちこさん、角田さん、鈴木ヒラク、金子、ヒダカさん

自分のストレッサー
人に会うのが怖い、仕事ができていない、畑に行けていない、外に出れない、家の中で落ち着けない、人の目が怖い

ストレス日記
外から誰かに見られていないかというストレスがある。家にいても、自分の居場所がないから、アトリエにいようとする。でも本も読めない。

僕の心の中にいるチャイルド、きょうくん、に毎日話しかける、それをここでやってみる。きょうくんおはよう。きょうは天気がいいよ。どうして欲しい？　と、きょうくんに毎日聞いてみる。勇気を出して一歩踏み出してごらん。自分の言いたいことを口にしてごらん。失敗してもいいからチャレンジしてみよっか。すごいねよくがんばったね。いつもきょうくんを応援しているよ。

6日目

あと94日

今日も朝6時に起きたが、仕事場に行くのはしんどいと感じ、というか、みんなを避けているような感覚になったので、子供達に朝ごはんを作って、仕事場に来た。今日も自己否定を止める１００日間の原稿を、だからこの原稿を書いてみよう。
『本人と家族のための双極症　サバイバルガイド』を読んで一番効いたのは、行動活性化、という方法で、鬱できつくても、活動することを止めないということ。これを今までの僕はやってきたんだなと思った。でも、やって少しでも楽しいと感じるってことが大事かなと思った。友人と外出する、とか。というか友人って誰だろう。今すぐ会える友人だったら、かずちゃんかまりちゃんなんだろう。

〈行動活性化〉

①散歩　②楽器演奏　③映画鑑賞　④スポーツ観戦　⑤図書館、本屋　⑥友人と電話で会話　⑦カウンセリング　⑧スポーツ　⑨コメディ映画　⑩セックス　⑪自転車を乗り回す　⑫動物園　⑬音楽鑑賞　⑭喫茶店　⑮料理　⑯ドライブ　⑰ダンス　⑱絵を描く　⑲サウナ、温泉　⑳レストラン　㉑畑　㉒瞑想　㉓水泳　㉔美容室

鬱状態できつくても、できるだけ、楽しいことはやるようにする。楽しめなくても、無理をしない程度に動いていく。そうやって、過ごしてきたから今がある。今は、もうだめになったのかもしれないと思うかもしれないけど、諦めずに、動き続けることは止めないようにする。とにかく、規則正しい生活を続けること。何が楽しいと感じるんだろうか。今はそれがわからないから大変だが、諦めないこと。どんなことでもいいから動いていく。もちろん仕事自体も進めていく。しかし、大変なことは大変。首が痛いのは変わらず。

自己否定をやめる6日目。夜寝る前はやっぱりまた元に戻ってしまった。完璧主義は過去のコンプレックスから自分を守るために生まれた。母からいじめられてたから、そのために完璧主義になってしまった。それで今はいじめられているのか。答えはNO。

誰からもいじめられていない。むしろ受け入れてもらえてる。それで完璧になったのか。これも答えはNO。つまり今は完璧じゃないのにいじめられていない。これは面白かった。

①行動するかしないか躊躇したら、行動することを選ぶ。確かに完璧主義のふりして、実は行動しないというやり方を採用している。

②成功しないかもしれないと恐れたら、失敗するためにあえて行動する。あえて失敗するのが良い。失敗しても人は死なない。

③失敗を恐れて足が止まったら、「失敗しても死なない」と10回唱えて、失敗を味わうことでその恐怖を和らげる練習としてやってみる。失敗を味わうことで恐怖を和らげる練習。

④無自覚に(高い)目標を抱いてしまったら、数値化し、その100分の1か1000分の1に書き換える。高い目標を立てて、そのあとで、目標をさらに弱める練習。

⑤毎日、「やっても無駄だと思うこと」を2分間だけやってみる。今考えるやっても無駄なこと。それはいろんな遊び。

⑥毎日、愚かな行動を一つ試す。愚かな行動を一つ試す。

⑦毎日、とても些細な間違いをわざとやってみる(レポートの最後の文の句読点をひとつ忘れるなど)。わざと間違えてみるのはいい。

⑧前に試してうまく行かなかった行動を思いだし、毎日一つ実行する。

⑨毎日、意味のない行動を一つ試す。

⑩「理想が高すぎる」などの美言で、自分を偽らない。行動を恐れているだけ。失敗するのが当然なんだから。

〈これからの目標〉

また本を一冊書き上げてみたい。どんなことでもいい。絵を描けるようになりたい。毎日描いて、毎日失敗すればいい。どんどん失敗しよう。とにかく失敗をし続けてみる。つまり行動自体は止めないこと。なんでもやってみて、しっかり失敗すればいいし、あえて失敗する、ってのがいいと思う。

7日目

自己否定をやめる100日間、1週間が経過した。それで今のところどうか。まだ自己否定は止まっていないと思う。人に会おうという気持ちにもなかなか慣れていないし。でも、今は会いたい人もいないんだから、仕方がない。でもまりちゃんとかずちゃんには会ってもいいんじゃないかなと思う。なかなかうまくは行かないけど、それでも今日も自己否定するのをやめる練習をやっていこう。

〈まずは今日やること〉
①自己否定をやめる原稿書く。
②アトリエの掃除。
③飯田さんに渡す絵を選ぶ。
④家の大掃除。
⑤絵を描く。
⑥走る。
⑦ポパイの原稿を考える。

なんでもやってみたらいいし、完璧主義者じゃない僕は、結局恐れているだけ。恐れない。時間を使っていろんな失敗をしてみる。なんだろう、思いつきたい。でもなんでも試してみるのが一番。楽しいイメージ、嬉しいイメージ、面白いイメージ、ありがとうと感謝する、そうやって頭の中をイメージで埋め尽くす。書いていることをやっていれば、自然とご機嫌に過ごせるようになる。波動が軽くなると、現実化のスピードが早くなっていく。今一番、自分がご機嫌になりそうなことはなんだろう。ほんとフ

あと93日

ーはそんなことすら考えてない、自然とそういう行動ができてる。

アトリエの掃除をして、布団を家に戻して、米粉のパンケーキを作った。今のところご機嫌な感じではある。気持ち良いイメージ。楽しいイメージ。嬉しいイメージ。感謝のイメージ。可能性が広がるイメージ。30分走る。むちゃくちゃ気持ちいい。これは毎日やってもいい。体力もつくし、頭も活性化されそうだし、健康につながるし、躁鬱対策としてもかなり良さそう、こうなるといつタバコがやめられるかだけど、ここは無理せず行こう。

夜ご飯はお好み焼きを作った。そしてSASUKEを観た。面白かった。その間、悩まなかった。ボルダー天国というボルダリングの練習場があるのを見つけたので、明日もしもオープンしてたら、行ってみようかと思った。

つまらない、と思うのではなく、なんでも、面白い、と思って、捉えてみる。なんでもやってみたい、面白い、どんどん挑戦してみたい、というように。どんどんイメージできるようになっていくと、気持ちはどんどん楽になっていきます。

自己否定をやめる100日間の1週間目。体調としては徐々に楽になっているような気がする。でももっと休んでいい。とにかくいつもすごく楽しい、やりたいことだけをやる、好きなことをとことん追求していくという気持ちで満たす。感情を決めるものは、現実ではなく、それをどう受け止めるかである。自己イメージを良くするために、毎日一定時間練習をやってみる。

8日目

朝7時に起きる。気分はそこまで悪くはない。でも気持ちはやっぱり落ち込んでいる。でも諦めてはいない。今日も自分なりに動いてみたい、直してあげたいと思っているが、虚無主義の癖はしっかりと残っている。日常活動スケジュールをつけてみよう。これは1時間ごとに何をするかを決めて動くというもの。確かにこうやって1時間ごとに決めてやっていくのはいいかもしれない。というか、僕はどうにかして、自分でこうやって、体を動かして、いい気持ちでいるのを保とうとしてきたんだということがわかった、今回、『いやな気分よ、さようなら』という本を読んだら、気持ちが治るかもしれないという嬉しい気持ちになった。

すべき、から、したい、へ。すべての行動を、したいこと、へ。行動こそ先である。気力はあとからついてくる。気力が戻ったら行動する、ということでは、こうやって3ヶ月も行動が止まってしまうのである。自分を無力にするのは世界で唯一、自分だけ。人から何を言われても自分で守ることができれば無力にはならない。

精神科に行く。先生はそんなに問題と思っていないようだった。死にたくなることもあったが、この1週間はそうでもなかった。とにかく諦めずに進んでいくこと、ちょっとずつやっていけば必ず前を向けるようになる。とにかくいつも自分次第。

この世の中でたった一人自尊心を脅かす人、それは自分自身。自己評価を下げると、価値観が低くなる。本当の解決は、僕の心の中にある。

もう一つは「心の読みすぎ」、あとは「拡大解釈」、あとは「すべき思考」、絶対的に正しい答えなどない。怒りをコントロールしてみよう。怒ったら、まずはここに書き出すこと。絶対的な正しさなんか存在しないから。あいつは間違ってる、ということは錯覚。怒りを感じるべきか感じないべきか、ではなく、どこで線を引くか、なのです。

人の悪い面はほっといて、良い面に目を向けてお世辞に近くてもいいから、しっかり褒めていこう。良くない行動を罰する代わりに良い行動を誉めれば良い。私は自分で自分を傷つけている。こんなことを続けたいわけじゃない。私は、自分は常に幸せであるべきだ、と考えている。動揺するたびに敗北感を感じる。いかなる人間でも永続する幸せに到達することは不可能なので、そのルールは自己破壊的であり、責任が取れない。

罪悪感がどんなに不健全で歪んでいても、いったん感じ始めるとそれが正当であるような錯覚に囚われることがある。このとき錯覚は強力で確信的なものになる。

①私は罪悪感を感じ、非難に値する。これは私が悪かったということだ。
②私は悪いのだから苦しみを受けるのは当たり前だ。

私は悪いと感じている、それゆえに私は悪いに違いない。と考える。これは不合理です。自己嫌悪していているから、あなたが悪いことをしていることにはならないからです。自罰的な考えと罪悪感とは互いに強化し合う。罪悪感は、単にエネルギーを消費し、自分が怠惰で能力に欠けるという考えを強化するだけ。共感とは、自分自身と他人に自分が何をしているのかということをはっきりさせて、自分に生まれつき悪い人間なのだというレッテルを貼らずに、悲しみや後悔をあるがままに感じる力のことです。

〈すべき思考を除く技術〉

「いったい誰がやらなければならないと言ったのか。どこにそんなことが書いてあるか」と自問すること。ポイントは必要以上に自己批判していることに自分で気づくこと。最終的にルールをつくるのは自分だから、いったんそのルールが使えないと思えば、それを改めるか除くかできるはず。すべき思考を、言葉を変えて、こうだったらいいのに、から、こんなふうにできればいい、と表現を変えてみる。もっと現実的で落ち着いてみえる。罰よりも報酬を通して自分に自信をつける。

①ダイエットしている人間はときどき失敗をする。
②私は人間だ。
③それゆえに私はときどきは失敗するべきだ。

自己コントロールができないという思い込み。その背景にあるのは「すべき思考」。

べきではない、と言っていることをすることで、罪悪感も不安も埋めてしまう。

9日目

昨日、立石和也くんから連絡があって、飲みに行った。近所にできたという、バーコアラ。緊張したけど、結果的には楽しかった。またやりたいと思うかというと、わからないけど、でも気分転換になってありがたかった。でも二日酔いで結構疲れた。でも朝ご飯は作った、なんで僕が作らなくちゃいけないんだ、フーはいつも寝ている。ぐっすり寝ていることに対して、悩みなく生きていることに対して、イラッとしている。しかし、これはフーに対してじゃないな、自分に対して怒っている。これは不合理な怒りだ。

日頃から気持ちの良い文章と、気持ちの良い音楽と触れておくのがとても重要。テレビとか、ゲームとかそういうのじゃなくて。ＹｏｕＴｕｂｅとかじゃなくて。でもついついそういうのを摂取してしまう。なんで今、こんなきついのか。とりあえず倒れてはない。朝から、ユーユーに買い物も行った。お節を作ろうとも思っている。動き続けようとはしてる。

今日は、朝ごはん作って、買い出しして、お昼ご飯作って、お節作って、大掃除して、30分走って、家の掃除して、夜ご飯作って、それでもう疲れた。よくやったと思う。楽しいわけではなかったけど、ただ苦しいわけでもなかった。でも頭の中では自己否定が続いていたとは思う。続くのは仕方がない。自動思考を簡単に止めるのは難しい。でもその自動的否定思考にやられて動けなくなるのは避けられている9日目。もう気にしなくなるといいけど。調子が良い時はどんな感じなんやろ。どんなに否定しても、とにかく作業をしている。そうやって生き延びてきた。でももう少し楽な方法を身につけたい。

今、一体どんな否定思考をしているのか。それを書き出しつつ、それがどんな歪んだ認知なのかを調べてみよう。今の自分の思考。何をやっていきたいのかがさっぱりわからなくなっている。本を書こうという気持ちにもなれないし、絵を描こうという気にもなれない、音楽もまったく興味がない。そんな状態でどうやって生きていったら良いのかわからない。もう終わりだと思ってしまっている。何の興味関心もない。

なぜ他人だけを拡大解釈して、他人だけが価値あるものと思って、自分自身はどうでもいいものだと決めつけてしまっているのか。自分自身への評価が低すぎる。子供のときにこういう苦しい思考回路を身につけてしまったのは、僕自身の落ち度ではないし、この盲点を持って育ったことも責められることではありません。しかし、物事を現実的に考え、このような脆さを克服するために努力することは成人した私自身の責任だ。なぜ私はいつも賛成を求めてあくせくして、いつもドギマギしてしまうのか。他人の承認だけを求めて生きてきたのは、やはり不合理だ。私だけしか私を幸せにすることはできない。他の誰にもできない。

人から期待されることをいつもやらなければならないと暗黙の仮定がある。誰かが私に賛成してくれるのは嬉しいことだけれども、立派な人物になるためや、自尊心のために承認が必要なわけではない。不賛成されるのは確かに不愉快だが、それは私が劣っていることとは違う。自分自身の親友になる。自分自身を愛している親になる。そして、私が一番楽でそして自由で前向きで素直でいられるように、ケアしてあげる。

私の考え方が私の気分に影響力を持っている。私は他者からの承認に依存しているので、他の人が私に光を当てた時にだけ、自分の内のスイッチをつけるという悪い習慣を身につけてしまっている。他人の承認と自己礼賛が同時に起こるために両者を混同してしまっている。他人が私の気分を良くさせると勘違いしてしまっている。ただ生きているだけで、生産的なことをしようがしまいが、私は自尊心を抱いていい。喜びを感じることができる。私の無価値についていくら考えてみても解決しないし疲れるだけ。

自分を責め、不必要で不合理な考えによって、自尊心は失われる。自尊心とは、私が気まぐれな熱弁をふるったり、自分に耽溺してしまったりせずに、自動思考に対して有効な合理的反応をしている状態。


これがうまくいけば、自然の喜びを味わい、自信を持つことができます。本質的に川の流れを変える必要はありません。ただそれを堰き止めることを避ければよいのです。

自尊心は、自分自身を親友のように扱うことで得られます。あなたが尊敬するVIPが突然訪問してきたら、どんな対応をしますか。一番良い服を着て、最高級の食事とワインを用意して、彼が心地よくできるように、できるかぎりのことをするでしょう。そしてどんなに彼を大切にしているかを示したと確信し、彼があなたとともに時間を過ごしてくれたことを誇りに思うでしょう。さあ、なぜ、私はそれを自分自身にしないのか。

できたらいつでもそうしてみたらどうでしょうか。私は私にとって最大のVIPである。VIPに悪意を持って侮辱したり、長々と捲し立てたり、長所を短所を探し出そうとしますか？　それなのになぜ自分にはするんですか？　私の私に対する拷問がいかに馬鹿らしいかわかってきましたか？

こうまでして自分を取り扱う方法を勝ち取らねばならないのでしょうか。いやこれはそんなに難しいものではないはずです。自尊心とは、自分自身の強さと不完全さの両方をしっかり見据えた上で、自分で行う一つの主張なのです。まやかしの優越感を捨てて、自分のプラス面を評価し、卑下や劣等感を感じることなく、弱い面にもスポットライトを当てることです。

仕事での成功を通してのみ本当の幸せが訪れるという勘違い。人生における満足のほとんどには完璧に成し遂げることなど必要ないのですから。秋晴れの林の中を散策する歓びには何の特別な才能もいらない。あなたの息子を愛情を込めて抱きしめるのに、

人より傑出する必要はありません。平均的な作家でも、本を書くことを楽しむことができます。私の楽しみは何だろう。音楽、ハイキング、水泳、食べ物、会話、読書、習い事、スポーツ、セックス。これらを徹底的に楽しむために、有名なトッププレーヤーになる必要はないんです。

人生は喜びと満足を得るたくさんの機会に満ちており、広い範囲の豊かな体験を得ることができる。多くの体験に自ら飛び込んでいくこと。

原稿を時々書いてみる。書きたいと思ったことを少しだけ書いてみる。こうしなくちゃいけない、とか縛りを設けずに、自分が楽しいように書いてみる。絵も時々描いてみる。人に見せるためというよりは、自分が描いてて楽しいように描いてみる。毎日描けなくても全然良い。完全主義の後ろには、いつも恐怖が隠れている。恐怖は、物事を徹底的に磨き上げ

ようとする私の衝動を焚きつける燃料。完全主義をやめようとすると、まずはこの恐怖と対決しなくてはなりません。

〈今日の素晴らしかったこと〉
①今日も健康に一日を過ごせたこと。
②家族みんなで元気だったこと。
③今日も走って気持ちよかったこと。
④子供達にご飯を作ってあげたこと。
⑤掃除をして綺麗にしたこと。
⑥お節の準備をしたこと。
⑦自分を整えて、前向きに一日を過ごせたこと。
⑧絵を描いて個展を大成功させたこと。

とにかく僕は自分をVIPの人と同じように接する。奥に入ってください、寝てください、とは言わないでしょう。完全主義を克服したい。それは簡単なことのように思えるけど。でもなかなか難しい。失敗やできないことに関しては、ほとんど放置プレーでいこう。そうじゃないと気が滅入ってしまうから。そうじゃなくて、自分ができていること、得意なこと、そっちに目を向けるんだ。

10日目

あと《あと》90日

とにかく徹底して中ぐらいでいようとしてみよう。目覚ましい中くらい。全部少しだけやってみるってこと。

①今日朝から子供達に元気に挨拶した。
②朝ごはんを作ってあげた。
③くーちゃんのお世話もした。

④自分のための ご飯も丁寧に作った。
⑤アオを送ってあげた。
⑥絵を描くのが得意。
⑦文章を書くのも得意。
⑧歌も得意。
⑨近所の人に朗らかに挨拶ができた。
⑩10日目を迎えた。この間に一日も寝込んでいない。
⑪お節を作った！　9品も作った。少しやりすぎくらい。明日葉っぱ買っとかないと。

物事のプラス面だけを見ていこう。マイナス面は面白くないから、プラス面だけ見ていこう。そして何かが起きたら、もちろんそこから対応しよう。完璧主義の毎日は、完璧が存在しないのだから毎日敗者になってしまう。毎日中ぐらいにしとくのが一番。今日はおせちをがんばったからもう大丈夫。満足して、よくやったと褒めていこう。仕事は明日はもういいかな。ぼちぼちにしておこう。

11日目

あと89日

今年最後の日なのに、また暗い感じで起きる。今日museumにも顔を出す気がほとんどない。もうどうでもいいと思ってしまっている。自己否定しないと決めていくんだったら、この今の状態も悪くないように考え方を変えられるということなんだろうか。今の自分の気持ちとは違うが、とりあえず書いてみよう。嘘の気持ちではあるが。でもお前はもう全部終わっているとみなすやり方、考え方の方が嘘だと思うが。
①先の予定がまったくない。まったくないというの

は間違いで、もともと僕は躁鬱で調子を崩すことがあるので予定自体を入れないようにしている。だからこれは自分で設定しているやり方。もしも明日や来週、予定が入っていたら、さらに苦しいはずで、今は少し休息するためにこうやっている、だから実は何の問題もない。やる気になって動いたら、それを発表しようと思うし、今も春に、加藤木さんと本を出そうとしているし、梅山にも原稿を送っているし、「翼の王国」の本もあるし、カワチも出そうとしていたし、「ポパイ」の連載の書籍化も動いていた。つまり動いている仕事はある。でも僕が止めているだけ。止めたいと思うのも理由はあるので、それで問題なし。だから何も予定がないことを落ち込むのは間違っている。予定はあるが、今は休息しているため自ら止めているってことである。十分休息したと思ったら再開すればいいだけ。

---

②中ぐらいでいいじゃないか。怖いかもかしれないけど、全部中ぐらいで楽しむことを覚えた方がいい。何か完璧なものを見せなくちゃいけないとなるよりも、そうじゃなくて、ダメで良いってこと。

③極端でないとダメだなんて、そんな無茶あるかい。僕は穏やかな人で、静かな人。そのままでいられるようにしたいよ。今まで躁状態のまんまでやりすぎたから静かにいきたい。Ｔｗｉｔｔｅｒとかやる性格の人じゃない元々。というかそういう時期の時もある。元気な時もあるけど。

④また不安になりすぎて頭がおかしくなりそうだし、フーに不安を漏らしてもうだめになると口にしてしまいそうだ。なぜダメな思考じゃダメなんだろうか。なぜ後ろ向きじゃいけないのか。元気がないとなぜだめなのか。元気がなくても、覇気がなくても、興味がなくても、そのまま人に見せたらいいんじゃないか。そのまま失敗したらいい。

⑤いつまで自分を痛めつけるのか。何一つ意味がない。やればやるほど自分の尊厳がなくなっていく。
　これを止めることができるのは自分だけ。

本当にもうどうでもいい。何かしてもろくなことにならない。面白いと全然思えない。一緒にいたい人も家族の中ですらいない。全部邪魔でいなくなればいい。その前に自分が死ぬ。自分が死んだら彼らにショックを与える、そんなこと何にも考えられない。どうでもいい。人がどうなってもどうでもいい。自分のことしか考えられないし、自分は助からないし。

死にたい人の相談ができるような状態ではない。そもそも自分がかなり危険である。それを止めるために電話に出ていたとも言えるかもしれない。そして、なにか興奮状態になったときにだけ、何か作ろうとする。でも本当は何にもやりたくない。作りたくない。作っていて楽しいと感じたこともない。作っているものも自分は嫌々やっている。今まで何をやってきたのかよくわからない。

12日目

あと88日

結局、2週間同じことをするのもかなりしんどい。それでも書くことは書いてきてる。昨日は走るのもしんどかった。今日は走ってみようかと思う。今日はご機嫌に過ごしてみよう。できるだけ楽しいことを考えて、楽しいことをする。一人でもみんなとでも、とにかく楽しいようにやってみる。寝て天井見てるだけじゃ退屈なんだから、仕事でも絵でもいいからちょっとずつ動いてみたらどうかと思う。全部やらないとなると、疲れてしまうから、疲れてもやったほうが先に進むのは確か。死なないと決めたんだから、死なないと決めたことを覚悟してやってみることはできないか。自分の攻撃はもういいよ。それよりも、真面目にやってみる。そして、楽しいと思えることをやってみる。しんどい生活は苦しいから、狭い世界でも、それでもやってみようと思えることを見つけていきたい。できると思うんだけどな。

　今はとにかく否定的でとてもじゃないが非現実な考えである。ここに列挙してみたらいい。すべて否定できるほどのことである。毎日何をしたらいいのかわからない。苦しいとしか言っていない。何にも興味が持てずに、というかそれはこれまでもずっとそうだった。

↓しかし、それだったら、今のこの状態にはなっていないはずだ。私は個展も成功させ、本も40冊も出してきた。もちろんそんなに能力は高くないかもしれないが、何も興味を持たずに生きてきた、と断言するのは間違っている。今はそうじゃないかもしれないが、ずっとこのままではない。また気持ちが戻ればすぐに何かをやろうという気持ちになる。

↓もちろん、今まではそうだったかもしれないが、それはかなり無理のあるやり方で、躁状態になっているので、自分としてはやりたいと思っているわけではないことをただ闇雲にやってきただけだ。

↓それだったら周りの人がついてこられるはずがない。だから元気な時にやろうとしていたことはそれはそれで一つ筋が通っていた。もちろんそれは一過性のものだったとしても、その時は本気でやろうとしていたはずだ。

↓確かにその時はやろうとはしていたはずだ。でもどうしてもそれがどうでも良くなってしまう瞬間が訪れて、一貫性がないというか、勢いだけでやっているような感じがある。子供たちに対しても、愛情をもって接する時があったり、かと思ったらキツくなって無視してしまう時もある。それで自分はどうしようもないとすぐ判断してしまう。

↓だからといって死ねばいいわけじゃない。今までやってこられたんだから、絶対に大丈夫。悪いところばかり見るのはそろそろやめて、自分のプラスのところも見ていこうじゃないか。私は仕事もちゃんとしてきたし、作品もそれなりに評価されてきたし、自分がやりたいようにもやってきた。自分がやりたくないことはほとんどしてこなかったと思う。今全て楽しくないと感じるのは、自分に否定的だからで、自分のやることに肯定的になれたら、前向きに進めていこうと思えたら、それはどれもそこそこ楽しいものになっていると思う。そして、いつも中途半端

だと思うが、中途半端ではないと思う。もっとやらなくちゃいけないと思い込みすぎだから、自分のペースで、そして中ぐらいで、やっていったらいい。それなりに面白いことも、楽しいこともあると思うし、やってきていると思う。自分で楽しみを見つけてやるのは得意なほうだと思う。

↓自分を否定しすぎているから、毎日がしんどいだけで、それをしなかったらそんなに辛い人生とは思わないけど。もちろん一人でやらなくちゃいけない仕事だから大変なことも多いけど、それでも20年間よくやってきたと思う。何にもならなかった、意味がなかったと判断するのは、雑すぎると思う。簡単に自分がやってきたことをそうやって雑に扱わないほうがいい。できるだけ丁寧に、自分の子供のように見てあげてほしい。自分の子供だったら何と言ってあげる？　試してみてよ。

↓恭くん、あなたはよくぞ、今まで健康にやってきたよ。本当にすごいと思う。ここまで諦めずにやってきた。今はちょっと疲れがどっと出てきて大変かもしれないけど、私は絶対に大丈夫だと思うよ。これまでやってきたことが嫌になっているかもしれないけど、きっとこれまでやってきたことは無意味じゃなくて、あなたの助けになってきたと思うよ。だから自信持っていいの。人が喜ぶようにやってきただけで、自分はやりたくなかったと言うけど、そうかな、そんなふうには見えないけど。やっている時は、楽しそうにしてるし、もちろん大変な時もあるんだろうけど、それでもめげずにやってきたように見えるよ。今年もまた頑張ってみたらいいと思う。もちろんそこまで緊張しすぎずにやったらいいよ。絶対に大丈夫だから。僕が応援するから。絶対にはなれないから。だから誰かがいなくなっても大丈夫。僕は最後までずっと一緒に見てるから。諦めずに自分が楽しいと思うことをやるんだよ。自分がやりたいことをやりたいようにやるの。

本当の自分、という概念のように、個人の価値もまた意味のないもの。自分の価値をゴミ箱に捨ててしまいなさい。本当の自分も捨ててしまいなさい。何も失うことがないことがわかると思います。そして今ここで生きていくことに焦点を当てることができるようになる。人生にはどんな問題があるのでしょう。あなたはそれに対してどう対処するのですか？　大切なのは行動することであって、価値というまやかしの蜃気楼ではない。

あなたは自分自身とか自分の価値を失ってしまうことを怖がっている。何を恐れているのですか。どんな怖いことが起こるというのでしょう。川の流れを変える必要はありません。それを堰き止めることを避ければ良いだけ。歪みだけが私の自尊心を奪うことができる。どれだけ貧しくても自尊心を無くしていない人はたくさんいる。

　なぜ自分に対して攻撃的なのか。私は私以外の誰にも攻撃的ではないのに。せめて、家族の他の人と同じように接してごらんなさい。私の問題は私の実際の実績ではなく、私が私自身を低く見積もる歪みにある。私が実際になしたことを正当に評価。弱い部分も見つめつつ、でもやり遂げてきたことも自信を持って生きていく。それが一番。自分を低く見積もらないこと。親友と同じように接する。大事な人。

　今日はゲンと楽しんだ。素晴らしい日。初詣も行ったし、ご飯も作ったし、仕事も今は進んでないけど、しばらく休みと思えば問題ないし、昨年は良くやったし、年が明けたからそろそろはじめようかなと思ってる。本も絵も歌も、僕なりに楽しんでやればきっとうまくいくと思うよ。キャンセルするかもしれないから、予定を入れることができないから。

13日目

あと87日

　昨日の夜は、フーに助けてもらいたいと思ったのに、結局はフーに対する不満を言っただけで、悲しい結果に。いつもこうなってしまいがちだ。しかし、実際のところ、フーに非難を伝えたが、フーに非難できるところは何一つない。フーを非難するのはもうやめよう。彼女は何も悪くない。ただ自分が困っているだけ。

　人からどう思われてもまったく気にしないようになると楽。自分の気分を高めるのは自分自身の考え方しかないということを見逃している。他人の賛成などは、自分でもっともだと納得しなければ、気分に何の影響も与えない。あなたの感じ方に働きかけるのは、ただ自分自身の確信だけ。

〈昨日の良いところ〉
①朝ごはんを作った。
②おせちが美味しかった。
③初詣に行った。
④射的がうまくいった。
⑤ゲンと遊んだ。

〈今ダメだと思ったところ〉
①結局仕事はできていない。
↓そんなことはない。トライしたし、まずは、いきなり仕事ではなく、今の自分の苦しい精神状態をなんとかしてみようと努力した。でもそんな努力は意味がない、仕事をしないと、と強く思っているから、また否定的になっている。でもそんなことはない。今努力すれば、きっと今後が楽だ。
②お皿を割ってしまったことで落ち込んでいる。
↓ほとんどお皿なんか割ったことがないからよくやった。
③両親に会うのをフーに任せきっている。
↓これは行っても行かなくてもいいと思うけど、正月くらいは顔を出しといた方がいい。フーに任せるのは現状では仕方がない。
④ゲンのゲームにほとんど関心がないのにやることないから、ちょっと関わろうとしている。
↓いいじゃん、正月なんだから。
⑤フーの店の売り上げがアップしてるのに喜んであげられていない。
↓そんなことない、よくやったよ、と伝えている。でも本心では何か焦っているのを感じる。それは自分が楽しんでいないということだけだ。

⑥歯のケアをやっていても、一体自分は何やっているんだと思ってしまう。
↓そんなことない、歯もケアして素晴らしいじゃないか。
⑦もう家の中でやることがなくなっている。
↓やることがなくなったなら、アトリエで絵を描いてみたらどうか。お昼ご飯を食べたんだし。もしくは、読書をしてもいいと思う。読みたい本はあるんだし。
⑧外に出る気はない。
↓走ってきてもいいんじゃないかな。
⑨フーちゃんに対して、もっと自分のことを構ってくれよという思いがある。
↓これは依存心だから、そうじゃなくて、自分で構ってあげるのが一番。
⑩また投げやりになっている。
↓両親に何か買ってあげたいとまったく思わないからだ。一人でどこかに出かけたほうがいいんだろうか。でも今日は走るだけでいいと思う。自分がやってて何か楽しいことがあればいいんだけど。今日はアトリエで一人で過ごしてみるか。走った後。でも自分で何かできるのか不安ではある。車のガソリン入れて、洗車をするのもいいなと思っている。
⑪どうしても楽しめない。
↓楽しめなくても全然問題はない。

今日両親にあげるものを買いに行こうと思っているが、それも楽しいのかどうかわからない。楽しむのは、完全にやる必要はないということを学んだ。さらには完全を求めて、一生懸命努力し、桁外れの成功を収めたからといって幸福が保証されるとはかぎらないこと。それどころかかえって満足感を損なう恐れがあることもわかりました。

強迫的なまでの完全主義を捨てて、喜びに満ちた生産性の高い生き方をとる。

私は標準を目標にしていたらきっと負けてしまうと思い込んでいるのです。どうしてそんなに自分をいじめるのでしょう。

完全主義を克服する他の方法は、恐怖と対決することです。

高橋睦郎さんと電話して、またぐったりとしてしまった。でも元気がないんだから、仕方がない。避けずにお話しをしたんだから、100点。また元気になったらこちらから電話をかけてみようと思う。

完全主義の背後には恐怖が隠れていることにお気づきですか？　完全主義をやめようと決心すると、最初はこの恐怖と対決せねばなりません。あえてそんなことをやる必要があるのでしょうか。完全主義はあなたを守ってはいますが、最終的にはツケが回ってくるものです。完全主義は批判や失敗、非難の危険からあなたを守るかもしれません。完全ではなく物事をやってみようと決心すると、最初はそれとの対決を思って大地震の如くガタガタと震え出すかもしれません。

今していることをやめようとした途端、彼らはたちまち生々しい恐怖へとエスカレートする強力な不快感に捕まってしまいます。結局安心を得るため、もとの強迫的な儀式に戻ってしまうのです。彼らに完全主義の悪循環をやめさせようとするのは、ビルから飛び降りろと説得するようなものです。

お昼過ぎからは、フーとアオと3人でサクラマチに買い物に行った。買い物に行っても、ほとんど何にも楽しくない。いやそんなに悪いものでもなかったし、平凡な暮らしがそれで良い。一人で買い物をしても楽しめただろうか。いろいろ選んでみて、自分が食べたいものを探してみるとか。この後は、絵を描いて、1時間走って、とやってみるか。今日は外に出たし、走るのはいいんじゃないかな。

そのあとアトリエで2枚絵を描いた。まあぼちぼちというところか。楽しんで描けたかなと考えると、あんまり楽しくないけど、でも他のことするよりもきっと楽しいはず。楽しむことがあんまりできない僕にしては一番楽しめることをやっているはずだ。少しずつでいいんだし、自分独自のものをやらなくちゃいけないなんてそれも大変だし、そんなのを課していたら疲れてしまうと思う。なかなか難しいもんそんなこと。とにかく落ち着いて少しずつやれたら良いんだけど。

〈明日の予定〉
アオの送り迎え。
走る。

文章を書く。
絵を描く。
映画を観に行く。

どうしても毎日がしんどい。調子が良かった時は、朝から原稿を書いて、お昼に橙書店へ行って、かずちゃんとかと会って、絵を描いて、夕方畑に行って、夜ご飯作る、みたいにルーティンが整いつつ、いろいろ発表したり、と楽しんでいた。そのときは、やる気になっていたんだと思う。家に帰るとまた辛い。でもなんにせよ、自分で楽しむことがわからないからだもんなぁ。

〈今日の一日良かったこと〉
①外に出て家族3人で出かけた。
②アトリエで原稿を書いた。
③本を読もうとした。なかなか読めなかったけど読

めた本はあった。
④絵を描いた。きついのに行動するのがまず先決だと頑張った。
⑤自分にご飯を作ってあげた。
⑥お皿も洗った。

家族で話していて、アパートの住人のことをさっぱりわかっていない、ほとんど興味も示していないことに気づいて、でもそれは元々会いたくないんだから仕方がないじゃん。

14日目

あと86日

自己否定をやめる100日間、とうとう2週間が過ぎたけど、今日も朝はむちゃんこ不安だ。でも不安じゃないことなんてあるんだろうか。もうこれはそういうものだと受け入れた方がいいんじゃないか。で、不安な理由も特にない。今差し当たって思いつくものはない。

また朝からしんどい。もうこういう生活が3ヶ月続いてて、戻ってこられる気がしない。でも気分にやられて行動が止まるのが一番しんどい。まずは行動。とにかく行動である。考え込まずにまずは3ヶ月くらい、毎日休むことなく、とにかく徹底して作りまくるのはどうか。なんでもいいから絵をとにかくむちゃんこ描いてみる。いや、3年やり続けてみよう。とにかくまずは3年。本も絵も歌も作り続けてみる。それまでは判断しない、とにかくまずは物量をとにかく作ってみる。絵は5枚は描きたい。歌も必ず一曲。文章は何枚でもいい。原稿用紙にとにかく書く。3ヶ月を4サイクルで12サイクル。それでどこまで何ができるのか試してみたい。

もっとデタラメでいい。考えずにどんどん作っていく。体を動かすことを大事にする。

今日から絵を描き始めた、原稿も。横尾忠則さんの話を聞いて元気になった。「アトリエ会議」を買って読んでみよう。今日も自己否定の自動思考と思考の歪みと合理的な反発の書き込みをやってみた。すると、いかに非合理的なことで苦しんでいるかが体感できた。おそらく、この書き込みを2週間続けてやったらしっかりと結果が出ると思う。

15日目

あと85日

朝からとんでもなく不安、というわけではなかった。それでも何をしたら良いのかはわからない状態ではあるし、今の塞ぎ込んでる状態が心配ではある。とは言っても落ち込んでるより作業していた方がいいから、文章も5枚、絵も5枚描いた。手を動かせば何かは出てくる。しかし、驚くのは少しも面白くないことだ。これがやる気を削いでくる。しかし、それにもめげずにやってみようかと思った。

16日目

あと84日

今日は3時頃起きて、そのままアトリエに降りて、原稿を8枚ほど書いて、絵を8枚描いた。今日もまた、作ることはできるけど、びっくりするほど面白くない。ずっと何かをやり続けていたんだけど、とにかく退屈で、やっても退屈で、嫌々やってるというのに近いかもしれない。何か面白い方法はないかなと思うけど、パステルもやってみるか。あとでパステルもやってみて、今日は一日やってみようと思ったんだけど。

ただただ失敗や欠点を責めている段階で止まっていては、自己嫌悪が増すばかり。そうではなく、〝まだまだ未熟の自分〟をそのまま受け止め、その上で成長することを目指せばいいだけのこと。それが、「愛する」ということ。

この人間はゲストハウスです。毎朝新しい喜び、憂鬱、意地悪、瞬間的な気づきが予期せぬ訪問者としてやってきます。たとえ彼らがあなたの家の家具を暴力的に掃き掃除するような悲しみの群衆であっても、それでも、ゲスト一人一人を敬意を持って扱います。彼はあなたに新たな楽しみを求めているかもしれません。

17日目

今日は7時半に起きて、やはり不安が強い。自分が何をしたら良いのかわからなくなる。家でゆっくり過ごすこともできない。すぐに朝ごはんを作って、仕事場に降りてきた。アオとゆっくり過ごすことができない。これも自分が不安だからで仕方がない。でも今の状態は良い流れなんだと思う。朝から仕事をしたいと思いつつ、考えないようにしているけど、自分がどうして困っているのか、それを考えたいと思ってしまう。考えたいんだから、考えたらいい。でもどうすればいいのかがわからない。毎日少しずつやっていくしかない。まずは絵を描こう。絵は2枚描いた。とにかく進めてはいるぞ。

何事も中ぐらいで大丈夫。それよりも過程を楽しむことのほうが数百倍大事。だから、やりすぎないこと。そして60%できたらそれで満点あげること。それでいいんだから。とにかく好きなことを好きなだけ楽しむのが一番。どんな時も楽しむことが先決。やらなくちゃいけない、と考えないでやれるんだから。

今日は朝起きてご飯作ってえらい！
午前中は絵を描いた。
パンケーキを焼いてあげた！
午後ももう1枚絵を描いた。
そのあとゲンと遊んだ。
縄跳びも一緒にやった！
夜ご飯手伝った！
コンビニでゲンとフーとアオのお菓子を買って

あげた！

　洗面台拭いた！　綺麗になった！

　もう１００点よ。とにかく１００点！　自己否定しまくってそれで落ち込むという方向には向かってない気がする。とにかく楽しめたら１００点。今日も絵は楽しかった。文章は何を書こうかなーと思ってる。ポパイも楽しく書いてみたい。きっとできるけどなあ。基本的にこの状態で人生は進んでいくんだと思う。もちろん元気な時はいろんなところに顔出したりするんだけどね。それでも基本は毎日この家で過ごすことになる。

　ほんと何が一番楽しいんだろうなあ。絵を描くのも楽しい時はあるんだけどね。でもこの感じは本当に大変。今のこの状態で済んでいるだけでもすごく良く頑張っているのかもしれない。どんな人に対しても、自分自身に接するように優しくしてみよう。そのために自分自身にとにかく優しく。本当に優しくする。私は無価値じゃない。価値がある。

18日目

あと82日

　私は一体何を恐れているのか。家でぼうっとできない理由は、父親がぼうっとしていてはいけないということが無意識に植えられているからだ。何もしないで呆然と生きてはだめだという心があるからゆっくりできない。でも本当は、自分の人生を十全に全うしたいという本望がある。だから、絵も文章も大変だけども、少しずつ努力をしていくだけなのである。そこから逃げたら終わりなのである。人との関係もそう。
今まではカラ元気を出してやり続けてきた。しかし、これでは長続きしない。次の方法は、受動的にやむを得ず実行するというやり方。これは付け焼き刃のカラ元気ではなく、自分は弱い者と覚悟した自然の態度だから、勝たないまでも少なくとも負けはしないということになる。このような態度であればうまくいけば嬉しくなり、うまくいかなくとも当然なので、悲観はしない。

決心などせずに、置かれた境遇に服従すること。子供たちとのこと、妻とのこと、仕事のこと、好きなことが見つからないと思っていること。自信がないというような自分の気分だけに強情にならないこと。決心などいらない。ただ単に従えば良い。事実に即す。自分のことは自分がよく知っている、という勘違いは浅はかである。人が言う通りに従ってみるというやり方もある。怖がってはだめだと感じるから無理に虚勢を張って頑なになり、しいて近づこうとするから、相手の迷惑などには少しも目がいかず、図々しくなってしまう。

相対してるときは、相手が喜ぶようなら近づき、相手が嫌がるようなら離れる。そうであっても近づきたい心があるなら離れても離れず、親しんでなれず、敬して遠ざからずの精神。なぜ二つの心が発生するかというと向上心である。進歩したいという一心。

私は不機嫌で気難しい人間である、ということを自らも自覚し、人にもそれを認めさせ、その結果として人に嫌われたとしても仕方がないと覚悟して、その応報を受け入れればいい。

なかなか大変な日が続いているが、今日からの実験として、人に自分の調子の悪さを訴えないことをやってみようと思う。フーにも家族にも伝えない。今まで通りの生活を、心の中は大変な状態になっていたとしても、実践してみる。そして自分の心もあれこれ詮索しない、それよりも活動を行う。

今日やることは、

①ポパイの原稿。
②絵を描く。
③今後の計画、目標を立てる。
④森田正馬の読書。

仕事はこれをやってみよう。そして、それ以外では、家族と過ごす、二の丸を走る、橙書店に行ってみる。はどうだろうか。畑に行ってみるのも良い。求めれば世の中のどんな楽しみも楽しみではなくなり、厭わなければ人生のどんな苦しみも苦しみではなくなる。仕事はただ楽しいというものではない。運命を切り開いていくことが大事。私もそうやって今までやってきた、生きてきた。耐え忍ぶことをせず、苦痛を放任して、自分の欲望を発揮する、何なりと手を出してみると運命が切り開かれていく。

　苦しくて眠れないから、耐え忍ぶのではなく、知識欲を発動して読書をすれば良い。肯定、否定を日常生活で使いすぎないようにする。ただあるがままを見て、あるがままを感じる。姑息なやりくりをやめて、絶体絶命、苦痛から逃げられないようにしつつ、今まで通り仕事を行う。心に裏表のある自分をそのまま認めて受け入れる。こうでなくてはならないという態度ではなく。理想を捨てる。

物そのものになりきる。目に入ってくることをする。言われたことをやってみる。自分のことではなく、人のために時間を使ってみる。休息は仕事を中止することではなく、仕事の転換である。いつも心静かに遊び半分にフラフラやる。でも仕事自体は止めない。確かにこの方法はいい。

絵は2枚描いた。よし、ちゃんと毎日作業はしている。強迫観念に困っている人は、まず第一に自分は何を求め、何を目的とするかということを突き止めなければなりません。順々に追求していくと、次第に自分に高い目的があることがわかります。その時に初めて深い自覚に至る。この行き着こうとしている目的を忘れて、迷子になっているのが強迫観念である。人前が怖い、というのと、大胆になりたい、というのが循環している。僕の目的は、気持ちよく生きることである。何事からも逃げずに、作ることもしっかりまっとうして、生きること。自分の主観的な気分と客観的な事実は逆になる。

20日目

あと80日

自己否定をやめる100日間。しかし、どうしたらいいんだろう。どうやっても自分を批判せずにはいられないが、とにかく自分自身のありのまんまの姿を確認すべきなんだろうなと思う。

明日は髪を切る日。切った方がいいだろう。どんな状態でも恐れることなく、生きていく。きっと何も恐ろしいことはないから、どんなことでも気になって、興味を持って、関心を持って、やれてたらいいんだけど、僕はそういうのがわからなかった、でも今はわかった。僕はいろんなことに今ようやく向き合える。ゆっくり、本を読み、描きたい絵があり、歌いたい歌があって。

今日は原稿を15枚書いて、絵を2枚描いた。とにかく毎日作り続けてはいる。でも、どうしても、何か違うという感じが強い。本当にどうしたらいいんだろうか。何をやっても、興味関心が薄く、自分が気になることをずっとやってたらいいのに、その興味関心がどんどん薄くなっているのを感じる。

21日目

あと79日

自己否定をやめる生活21日目。今日は朝から、髪を切って、そして映画を観に行って、すごく疲れて、気分がまた落ち込んでしまった、でも1枚絵を描いた。でも絵を描いてはみたが、まったく身が入ってなくて、情熱もほとんどないし、その絵を良いとも思えていない。それで今までで良いと思えるものがあったのかというと、それがない。しかし、それはかわいそうだ。でも本当に今は何をやっている人なのかよくわからない。自分でも何をやってる人なのかよくわかっていない。原稿を書こうにも何を書こうとしているのかさっぱりわからない。書いたものが良いとも思えない。それでも良いんだろうか。でも簡単に、退屈だ、とか、つまらないとか、そういうふうに言わないでいてみたら、どうか。そういう表現をするということは、そうやって世界を見ているってことだ。そんなふうには見てないじゃないか。

でもまだ今も死にたくなってる。
自分のことを本当にどうでもいいやつ、と思ってしまっている。そんなことない。本当に大事にしていく必要がある。どんな時も、家族を嫌な気持ちにしたり、周りを嫌な気持ちにしたりはしないように、優しく、でも自分の作品に対して、そもそも自分という存在に対して、僕はとことん否定してしまっている。だから両親との関係がぎこちない。

　今はあんまりいろんなことに心が動かない。ここから受け入れるのである。熊本に住んでいてそんなに面白くない。これも受け入れる。仕事に身が入らない、これも受け入れる。絵を描くのが楽しいと思えないし、自信もない。これも受け入れる。全部を受け入れる。それでいいと思う。ありえないくらい今の状態を肯定する。そんな自分でも良いところあるなあと思えている状態。

　苦痛を感じながらも仕事を頑張っているのだから、神経症とは言えないし、病気で困っているとも言えない。ちゃんと仕事をしているってことだ。しかし、作品を作り続けていくという行為は、そもそも緊張し不安なことであるので、緊張しないで動こうと思うことの方が無理がある。あるがままの状態とは、自分にとってみればどんな状態なのか、それがいまいちわからないのである。

22日目

あと78日

朝起きて、朝ごはん作ってあげて、送り出して、洗濯して、家の掃除して、洗い物をした。でも不安でイライラして、フーちゃんが行く時もいってらっしゃいするのが嫌になった。でも、ベランダから一応伝えた。そのあと一人になってまた不安で、もうこんな生活は大変だ、不安を感じるのは仕方ないけど、でもただ不安なだけじゃあんまりだし、それでも普通に毎日生活できているんだから、実は不安なんか感じる必要はまったくない。でもぼーっとしていると、何もしなくなる。次何を作るのか、するのか、そして、これからの目標のようなもの、それがわからない。

人はみんな良い人だし、自分もそれなりに一生懸命に頑張っている。だからこれまで一度も悪いことにはならなかったし、誰かと話したりしても嫌な思いには一度もならなかった。だから一つこう考えてみたらどうだろうか。悪いことは今後ひとつも起こりっこないから、悪いイメージ、うまくいかなくなるイメージをゼロにして、楽しく、うまくいくイメージだけにしてみたら？　気持ち良いことをして、楽しいことをして、人にもご機嫌をわけて、安心させてあげるようなイメージで。

10年後の自分を想像してみる。

①どんな時も笑顔で過ごす練習。躁状態の時は自然と笑顔だけど、こういう調子があんまりよくないときこそ笑顔で過ごす。雨の日は笑顔で過ごす。

②どんな時も相手に体を向けて、できるだけ近づいて、目を見て挨拶をする。あなたを認めてます、

という気持ちと一緒に。

③ありがとうと相手の目を見て伝える。家族がいること。仕事があること。ご飯が食べられること。生まれてきたこと。明日が来ること。

④人の文句、作品の文句を言わないこと。できるだけ良いところを見つけて、そこを口にすること。

⑤興味を持ったことはすぐに調べる。大切なことは好奇心を持ち続けること。自分で頭で勝手に判断しないこと。

⑥使わないと思ったものはすぐに捨ててみる。

⑦毎日体重計にのる。

⑧いつもと違うことをしてみること。

⑨腹八分目。

⑩空を見上げる。

⑪ゆっくり丁寧に歩く。

⑫お先にどうぞ。

⑬人が見ていないときにトイレ掃除する。

⑭自分を褒める。

⑮人の名前をたくさん呼ぶ。

⑯相手のいいとこどりをする。

⑰褒め上手になる。

⑱家族や友人を応援する。

⑲相手の欠点に慣れる。

⑳小さな親切をしてあげる。

㉑尊敬できるところを探す。

㉒もう一人の自分を持って俯瞰する。

23日目

自己否定をやめる23日目。今日から30日間、とにかく創作にだけむちゃくちゃ集中する1ヶ月にすると決めた。それが仕事なんだから、変に迷ったりせずにやってみようということである。これは別のところにまた1ヶ月の記録を書いてみよう。でも自己否定が強いわけではない。もうこの状態でやっていくしかないんだから、やっていこう。

①どんな時も笑顔で過ごす練習。躁状態の時は自然と笑顔だけど、こういう調子があんまりよくないときこそ笑顔で過ごす。雨の日は笑顔で過ごす。
できた。

②どんな時も相手に体を向けて、できるだけ近づいて、目を見て挨拶をする。あなたを認めてます、という気持ちと一緒に。
できた。

③ありがとうと相手の目を見て伝える。家族がいること。仕事があること。ご飯が食べられること。生まれてきたこと。明日が来ること。
できた。

④人の文句、作品の文句を言わないこと。できるだけ良いところを見つけて、そこを口にすること。
できた。

⑤興味を持ったことはすぐに調べる。大切なことは

好奇心を持ち続けること。自分で頭で勝手に判断しないこと。
できた。

24日目

あと76日

自己否定をやめる生活、24日目。起きたら、すぐ仕事に移れるようにはなっている。めんどくさいと思っても、体を動かすこと。まずは、仕事をサクッとやっておくこと。それで原稿も書けた、絵も描けた、あとで、録音もしよう。もうそれをやってると一日が知らず知らずのうちに過ぎていく。だからこれが楽しいなら何ひとつ問題がないことになる。しかし、なかなかそうはいかない、それはどんなことだろうか。

原稿を10枚書いた、今のところよくわからない。絵は5枚。作曲も1つ。とりあえずまだ楽しいとも感じないし、作っているものも自分としてはよくわからない。でもまずは十日間続けていこう。自分として、どんどん向かっていきたいと思うモチーフというか、テーマのようなものが何か見つかればいいけど。今のところよくわかっていない。小説は書かなくても良さそうな気もする。今、ほんと何を考えてるのかよくわからない。でもこういうときは仕方がない。それでもう9時くらいに眠ってしまったと思う。悪くない夢を見た、なんかウッドストックみたいな舞台で眠る夢。

25日目

自己否定をやめる25日目。なかなか大変だが、今日は何にもしない日。午前中はゲンとゲームして、お昼ご飯作って、午後はゲンとフーと3人で三角まで魚を買いに行った。そのときもなんだか物悲しくなってきたが、それでも3人でドライブ行けるだけでありがたいと思う。そして、今日は仕事を休んでよかった。週に1回は休もう。そしてどこかにいこう。とにかく今日は最高にいい日だったよ。よくやったもん。

嘆かずに生きる。責任持って嘆かずに生きるんだよ。人には気づかれずに、やる。何があっても項垂れずにやる。その覚悟を決めないと。どんな時でもニコニコ生きる。できなくてもいいし、それでも諦めずにやる。

もっと良い人生があるかもしれないが、これが私の人生なのだ。全責任を自分で取る。まわりの人が安心できるように過ごす。不安を伝染させない。なんとか自分でやること。

夜はお寿司作ってあげた。きついかもしれないけど、実はこの3週間くらいは調子はとても良い。よくがんばってる。もう否定はする必要ない。今までも否定することなかったから。楽しんで毎日作っていられたら一番いいけど。僕は編み物も、陶芸もガラスも料理も釣りも絵を描くことも音楽も本を書くこともなんでもやってるじゃん。織物も。せっかくならどれもとことんやってみたらいいんじゃないかい。そうやってパステルで上手くいったんだから。とことんやってみる。どこまでもやってみる。好きなんだからとことんやってみる。クライミングもやってみたらいい。

26日目

自己否定は止まってきてるんじゃないか。とは言っても、何かを考えているとは言えない状態で、人にはなかなか会えないけど、でもそういうときはそれはそれで仕方がないし、別にそれでいい。そうやって生きてきたし。

今日も朝から原稿10枚書いて、お昼ご飯はジャニ、そしてユーユーでお世話になった人たちにみかんを贈って、そのあとアトリエに戻って絵を1枚描いて、作曲を1曲した。日曜日だけは本当に何もしないで適当に過ごすと決めてみようかな。その代わり月曜日から土曜日まではしっかり作る。それを1ヶ月かける。その間に、何か考え込んだりしない。頭を空っぽにしておく。インスピレーションは私とは関係がない。というか、なんで、何か考えていないと人には会えないのか。そうじゃないだろう。むしろ人には間抜けなところをどんどん見せていけばいいのにと思う。

あと74日

27日目

あと73日

作る生活は楽しくないし、毎日すごく疲れる。どうしても自分はこんな生活をするようにはできていないような気がする。

アグネス・マーティンの言葉。とにかく挫折の連続。試練と恐ろしい落胆と失敗を繰り返して、ようやく自分が描かなければいけないものに辿り着ける。何ヶ月もの間、最初に描くものはなんの意味もまったくない。でも描き続けなくてはいけない。どんな失望に襲われようと。マーティンだってこうなのである。僕がなかなか上手くいかなくても当然のことだ。落胆してもまたやってみる。明日もまたやってみる。どんなに落胆してもまたやってみることだ。

今日も原稿10枚、絵は3枚、作曲も1つやった。

28日目

あと72日

自己否定はそんなにしてないと思うが、それにしても大変なくらいにやる気がない。一体今までどうやってこの状態でやる気になって活動してたのかわからなくなるくらいにやる気がない。

それでも原稿10枚、絵を4枚、1曲作曲までやった。それでも全然作ったものを良いとも思えないし、そもそも外出しようという気力がない。自分の仕事が何か変化しそうにもない。本当にどうしたらいいのかわからない。夜ご飯を作ろうという気にもならない。とんでもなくやる気がないが、以前はそうじゃなかったんだと思うけど、作って疲れてしまっているのか。確かに原稿書くだけで結構疲れるはずなのだ。それでちょっと運動してあとはゆっくりする、という生活の方がいいんだろうか。畑に行く気もない。今は何にも変化のない生活。喜びもほとんどない。楽しいこともない。誰と話しても楽しいこともない。なんでこれで、ちょっと前までは、Twitterでなんか喋りたいとか思っていたんだろうか。旅行してみたいとかも。なんでこんなに感じてたのかわからない。でもだからといって、何もやらないんじゃまた苦しくなると思うんだよね。こんなふうにやる気はないが、それでもやることやってるんだし、とりあえずは良くやったと言ってみるかな。今日もしっかり働いたよ。よくやった。もうこれで終わらせていいくらい。今日は、朝6時半に起きて朝ごはんを作り、朝8時にアトリエへ。アトリエで12時まで小説を描き、昼ごはんをサクッと食べて、その後、絵を2時まで4枚描いて、そのあと、作曲をする。四時に終わり散歩して、そのあと帰ってきて、今横になってる。

帰ってきたてのゲンとゲームをした。本当になんでもいいから熱中したい。熱中して人と関わればなんとかなるんじゃないかと思ってる。でも今は人と関わること自体が疲れる。なんでこんなに疲れてるんだろう。

29日目

自己否定しているのかどうかはわからない。鬱状態だとは思ってる。だから無茶苦茶きついんだと思う。家族がいることがむちゃくちゃ助かってるんだから、できるだけイライラしないで過ごした方がいい。でも朝起きないフーに対してむちゃくちゃ苛立っている。じゃあ鬱の時の僕はどうなのか何ヶ月も朝起きないで、それでやってるんだから、今くらいはやってあげないと。怒るのは間違ってる。

今日も原稿10枚、絵は3枚、曲は1曲作った。でもなんで作っても作ってもきついのか。どうやっても少しも楽にはならない。というか、できたんだから、それでばっちりじゃん。あんまり完璧を求めないようにしたい。なんでもやってみたらいいだけ。

自分の欠点ばかり探し出そうと努力している。それは疲れるし、生きているのが嫌になる。なんでそんなことするんだろうか。完全主義に自分の仕事を見てしまっている。そんなことしなくていい。まず朝起きたら、お昼までできることをやってみる。10枚書けたらバッチリだけど、6枚でもいい。うまく書けないかもしれないけど、それでも何も問題ない。よくやってる。お金になってないかもしれないけど、それでもいい。間違いが見つかれば成長できる。

今日も実は何一つ悪いことは起きなかった。今は、何ができるか実験中。

30日目

あと70日

今日は仕事を休んだ。湯らっくすに行ってマッサージ受けてお風呂入ってカイジを読んだ。こういう日もあって良い。

31日目

あと69日

今日は朝から原稿を10枚書いた。でも書いても書いても、よくわからないというか、自分が何をしているのかよくわからない。絵も描こう。こういうときは引っ張られずにまずは作品を作る。

すごく混乱している。記憶の混乱のようなものが起きている。楽しかった記憶がないということなのか、それともそういうことを思い出すことができないのか。もう死にたいと思っている。でもやる気ではあるような気もする。絵も描く気はあるし、音楽も作る気はある。自分は何をやっているんだという ような不思議な気持ちがずっとある。

どんな状態でも、本当に心底自分を肯定してみたらどうかな。退屈だ、とか言わないで、フーちゃんは少しも言わない、おんなじ状態なのに言わない。やることは次から次へとあるからと。僕もやることあるんだろうか。やらなくちゃいけないことが次から次にあるなら確かに退屈しない。もちろんそんなに面白いことばかりじゃないけど。

museumのドアをよく直した！　すごい。人生はこんな感じでいろいろやっていかなくちゃいけないことが続いていくけど、これ全部勉強だから、逃げずに全部やっていこう。そうやって考えると人生は困難ではなくなる。人生というもの自体が困難だとすれば困難ではなくなる。今日はきついということを一切言わないで、しかも我慢して言わないんじゃなくて、きついんじゃなくて、これが自分の毎日なんだと受け入れる。

もう一度『いやな気分よ、さようなら』を読み返し始めた。何度読んでもなかなか頭に入らない。理解はできても、感情が揺らぐとすぐにダメになってしまう。やっぱり自分で自分を合理化させたら、気分は変化する。

表現するべきものもなく、表現するすべもなく、表現するための素材もなく、表現する力もなく、表現する欲求もないが、表現を強いられる、そうしたことの表現。これはベケット。書き手は、書くべきものを何も持たず、書くためのいかなる手段も持たないが、極度の必要によってつねに書くことを強いられる、そうしたますます滑稽な状況にある。表現すべきものが何もない、というのは、もっとも単純な意味でとられなければならない。書き手が語ろうとするもの、それは何物でもない。世界、諸事物、知識は、書き手にとって、空虚を横切る目印でしかない。そして書き手自身すでに無へと還元されている。無が書き手の題材である。

32日目

あと68日

今日は朝から原稿を10枚書いて、満足したので、あとはゆっくり。洗濯して、そのあと読書して、お昼ご飯を食べに行って、橙書店に行って、今日はもう何にも問題がない。何一つ問題なところがわからない。何も問題がない。100点満点である。もう何にもない何一つ問題がない。どこも治す必要がない。もちろんそんなに元気はないかもしれないけど。

33日目

あと67日

今日はアオの受験当日。アオは毎日よくがんばってたからきっと大丈夫だ。そして、自分も毎日よくやっているんだから、そんなに不安を感じたり、お前は全部うまくいかないんだとか言わないであげてほしい。きっとぜんぶうまくいくと思う。でもだからこそ失敗を恐れず試してほしいし、人生を楽しんでほしい。絶対に自分を悪く言わないでほしいし、自分が作ったものも、絶対に悪いように言わないでほしい。今日も実は問題となるようなことが何一つない。でも不安を感じ、緊張している。じゃあ、今緊張しているのか。いや、緊張していない。ということは、書けばよかったのか。

不幸の原因探しをやめる。やめてみて初めて自分は自分を不幸にしようとしていたことに気づく。

まりちゃんとも話して、なんの問題もない、不幸になる必要がない、しかし、どうしても、苦痛を、感じる、どうしていいかわからないけど、苦痛を感じる。もう苦しくてむちゃくちゃになってしまった。

34日目

あと66日

とにかく今のまんまの自分ではダメだという思考が強すぎて、もうおかしくなってきてる。いつも毎秒、今のまんまの自分ではダメだ、と言われ続けている状態。これじゃ、頭がおかしくなるよ。このままでいい。ずっとこのままでいい。なにも変えなくていい。なにも変える必要がない。

まずいこのままだと本当に自殺してしまいそうだ。どうにかしたい。なんでこういう自分は助けられるべきだ、家ではなんでこう馬鹿にされてるのか、大事にされていないのか、と思ってる、どうしてこんな目に遭わないといけないのか。家にいること自体が助かることじゃないし、しかも、そうじゃないと、自分を大事にしてくれる女性のところにつきっきりになったりする。こうやって甘えないとどうしようもなくなる。それじゃないと死ぬとか言い出してしまう。

こんなに苦しいと言い続けて、人を困らせるだけ困らせてる。家でもずっと不機嫌で、誰からも離れて、誰もほめたりもせず、一緒に楽しんだりもせず、ずっと苦しいと言い続けている。これじゃ意味がない、何の意味もない。これじゃ、ただ人を困らせているだけ。人を嫌な気分にさせてそれで自殺してさらに、まわりの人を困らせようとしている。そんなに問題はないと言っているのに。

人を困らせない。そうやって助けて欲しいと叫んでも、誰にも助けることはできない。助けることができるのは自分自身だけ。それは正しい。自分なら助けることができるし、自分ならずっと24時間一緒にいることができる。だからもう一回自己否定せずに過ごす練習をやってみよう。もちろん苦しいのをただ我慢するんじゃない。苦しいのは苦しいだろうけど、それで人を困らせるんじゃない方法。イライラをぶつけるんじゃない方法。身近な人は困らせちゃだめだ。敬意を持って接する。どんなことでもそうだ。不知火忌だってそうだ。礼儀正しく、控えめに過ごす。それだと仕事ができなくなるというのも思い込み。今までの方がかなり無理があった。今から無理のないやり方ができる。それで女性に向かうのもまずい。そうじゃない方法。苦しいのは苦しいんだろうが、しばらくだけでも苦しまない方法でやってみよう。毎日をそれなりにしのごう。

〈今日やること〉

梱包をやったし、原稿は100枚の大台に乗ったから、もう今日はよかろう。よくやった。それであとは散歩でもしたら完璧。とにかくありえないくらい褒めていくぞ。そしてこの虚しい気持ちをなんとかして変えてみせる。それが僕の今年の目標だ。今はまだなかなかできないけど。でもよくやってる。きついのにそれなりに仕事もできてるし。

今日はとにかくよくやったよ。眠れてなかったのに、酒飲んだけど、諦めずにやった。

そして来月のギャラも123万円入る。本当にこの状態でよくがんばってる。

そしてその後、歩いた！　歩きながら、なんかもっと週末とかも楽しいことに時間使おうと思った。仕事もいいけど、仕事はもうやってるし、今の仕事のやり方で十分。歩いたのもすごい。そして今からご飯作ろうとしてる。もう満点。これ以上に何もない。味噌汁作ってご飯も炊いた！　完璧。夜ご飯もおいしかった！　そして不知火忌も、怖がるんじゃなくて、みんなに会える大事な会だと思っていこう。ほんと心を開いて、どんなことにも挑戦したり、人に会えることを楽しみにして生きていこう。

自分の今まで描いてきたすべての絵、すべての本、すべての音楽を、自分自身だけは絶対に馬鹿にしない。絶対に大事にする。だってそれで生きのびてこれたんだから。これをやらなかったら、ここまで生きれてない。だからどんな些細なことでもとにかく全部よくやったよ、本当によくやった。なんでこんなに否定するのかわからないくらい。そして、関わってきたすべての人と、また会ってみたい。そして楽しんでみたい。人生は楽しむためにあるよ。とにかくありとあらゆることをたのしんでみようよ。音楽にも絵にも文章にも夢中になってみようよ。あとは運動も。

今までのあらゆる行動、活動自体がとても価値のあることだよ。誰が馬鹿にしたとしても、僕は認める。かけがえのない行為だよ。

やっぱり村上春樹の本を読むと、すごく自分が楽になって、健全な野心を持とうと思える。なんだか少し捻くれてたなと思う。どんどんやりたいようにやってみたらいいじゃん、って思うのだ。

35日目

今日は本当によくやった！　朝から鍼治療に久しぶりに行って、それでみんなと会ったし、そのあと、病院に行って先生と話して、このプラマイゼロの真ん中のコンディションで生きていく技術を身につけるのはきっと僕の人生に恩恵があると話をしたし、その後、好きな人と話したのも良かった。これは一線を超えない状態で、自分が気持ちよくいられるために話をさせてもらおう。それで橙書店でお昼ご飯を食べて、しかも、プラマイゼロの穏やかな状態で過ごせた、そして『夜と霧』を買った。本を今すごく勉強してみたい。そして、健全な野心、自分として納得できる小説を、誰にもリーダブルなものも書いてみたいと思った。村上春樹さんが心にすごく響いてきた。もう一度、じっくり研究したいと思った。

そして、ゲンが帰ってくる前に帰ってきた。ドライトマトのランチ美味しすぎた。帰ってきてからは、絵を楽しんで描くというテーマでやれた。すごくいい感じだ。あとは走りたいと思ったけど、これは誰にも言わずに、まずは一人で1ヶ月、自己否定しない方法の一つとして、走る、というのがあると思うので、そのためにも練習してみたい。煙草をやめるのも、自己否定を止めるきっかけになると思う。絵を描く時間も嫌じゃなかった。そしてそのあと海底の修羅を歌ったら、古今東西の素晴らしい歌をとにかく研究したい。あと絵画もポートレイトの研究をしてみたい。とにかく今回はよくがんばった。戻ってきたら、否定するところはそんなにないような気がしてる。このプラマイゼロの状態で一年やってみ

あと65日

たい。
フーちゃんが今とてもがんばってる。そのことを心底喜んでいきたい。そして、自分はもうどんどん夢が叶ってるんだから、次はフーちゃんだと思うし。そして自分を卑下しないための訓練を徹底してやっていく。今年は種蒔きの年、とにかく静かな年。人のことを気にするんじゃなくて、自分を常にご機嫌にする訓練。それは楽しい訓練になるはず。35日やってきてようやく肯定的になれた。ようやく今は自己否定がない。

そして、明日の朝起きて、最初に思えて1番ほっとする言葉は「恭平、もう恭平は今のまんまで完璧だから、そのままでいいよ。朝から何かしなくちゃいけないことはないよ、したいことだけに夢中になればいいよ。欠けているものがある、足りないものがあるから、朝からやらなくちゃいけないということはもう一生ないんだよ」だとフーちゃんに教えてもらった。これはとても嬉しい。

なんかフーとの時間がないというか、一緒にいるときもどこか自分のことばかり考えてるような感じがして、でもそれは自分がやりたいことができてて幸せなんだろうなと思って、そういうときに水をさすのもどうかなと思ってたけど、でも時間がある時に、自分から声をかけて楽しい時間を過ごせばいいと思う。あんまり怒るんじゃなくて自分がご機嫌でいられるように。ま、無理はせずにやっていこう。

とにかく今日は百点満点だよ。何一つ問題もなく何一つ改良点もなく、毎日気になることを好きにやっていけばいいと思った。フーには文句を言うのではなく、自分なりに気持ちよく接してほしいときとか、一緒に遊びたい時とか、自分から声をかけてみよう。フーが充実してるのは素晴らしいことだから。

36日目

あと64日

朝から自己否定はしていない。でも、何かを探そうとはしている。悪いところがないかやっぱり探そうとはしてる。でも見つからない。何も変えることはないよ。ただ好きなことをとことんやってみるってことだ。僕は本を書きたいし、絵を描きたいし、何か音楽も作ってみたい。

原稿は10枚書けた。すごすぎる。そして、次は、本を読んで勉強したい。勉強のための原稿も書こう。それで電話に出はじめて、優しく接することができている。電話してるだけですごいよ。これもあんまり完璧にやりすぎずに、やれるだけでいこう。無理はしない。それでやってるだけで100点。時間がない、とか、もっとやらなくちゃいけないとか、そんなふうに追い立てない、基本的に楽しむことを最優先。その代わり、とことん楽しむ。絵も文も音楽も。ドストエフスキーについてむちゃ研究したい。本を読みたいと思っているのは、ドストエフスキーをがっつりやりたい、そうやってやるのはいい。ドストエフスキー、カフカとベケット、ドゥルーズだってそうだ。読みたい本はしっかりある。あとは走るかどうか。

自己否定はまったくしていない。でも褒めてもいないかもしれない。もっと褒めていい。もっとすごいと自分には伝えたらいい。人には言わなくていい。自分で自分に対してとことん褒めて大事にしていく。今のままでいい。今までやってきたことを全肯定していい。このままやっていく。このまま素直に成長していけばいい。

とにかくよくやってるよ。明日の予定を立てよう。明日はとにかく朝起きたら6時頃から原稿書いて、絵も描いて昼まで仕事。あとは、家族でどこかに出かけたりしよっか。日曜日は釣りに行こうかなと。

38日目

あと62日

今日は朝からゲンと湯島へ。むちゃくちゃ釣れたし、ゲンが久しぶりの湯島が楽しそうで、本当に僕まで嬉しくなった。僕も不安な時間はほとんどなくて、久しぶりに一日中楽しかったかも。少しずつゆっくり治していこうと思う。本当に今日はよくやったよ！　今から、釣ってきた魚を捌く。

さて、今日は何が良かったか。自分のダメなところはもう探さないで良し。良いところ、良くやったところをとにかく探していこう。今日は、ゲンを楽しませて、自分も楽しめた。ほんと湯島に釣りに行くのは、なんで気分がいいんだろうね。いつまでもやれたらいいなと思った、もっと釣りが上手くなったら楽しくなるかな。帰ってきて、魚を捌いたし。今日は仕事をしてなくても気持ちよく過ごせた。とにかく細かく小さいところも全部褒めていく。それを自分にしてあげるんだよ。だめだって言わずにね。そして、最近はそれがとてもよくできてる。

明日は、朝から子供達の朝ごはん作って送り出して、またセックスしてみたいな。そして、朝の原稿。お昼ご飯作って、絵を描いて、読書か映画かな。音楽聞いてもいい。

僕がやらなくちゃいけないのは批判的な内なる声

を消し去ることだけ。批判的な内なる声は悪だから。やらなくちゃいけないのはそれだけです。内面の自虐性は、非合理で自己破壊的で何一つ意味がありません。成功しようがしまいがどんな時も人生を楽しむことができるということ。

39日目

あと61日

なんとかここまでやってきて、今のところ自己否定で毎日が辛くなってしまうということにはならなくなった。自尊心を持つことができた、というところまではまだなかなか難しいけど、それでも自分の悪いところばかり見るのは減ってきたんじゃないか。

今日も気持ちよく過ごしてみたい。

あなたに批判するところは一つもないよ。何にもない。そのままでいい。楽しんでいろんなことをやってみたいと思ったことをどんどんやればいい。きっといい結果がいつも返ってくる。仕事でも遊びでもどっちでもいい。家族のためにやるのでもなんでも自分にとって良い働きをする。行動しないことが一番体に悪い。どんなことも悪い結果を想像するんじゃなくて、良い結果を想像してみたらいい。きっと楽しくなるって考えてみたらいい。本当になんだってできるんだから。

あらゆる自己批判は全て無意味である。そんなこともしなくていい。何もしなくていい。不安にも感じなくていい。なんとかなってきたんだから。どんなこともなんとかなる。だからどんどん自分の可能性を高めたらいいだけ。

私は私を尊敬している。他人から尊敬されなくても私は自分を尊敬している。価値もなければ無価値でもない。トータルゼロは悪いことではない。私は楽しく幸せである、と思えばいいだけ。価値のないことは素晴らしいことだ、ということ。

その日を少しでも楽しくするようなこと、人と出会う可能性を求めて生きていくだけ。

まやかしの優越感を捨てて、自分のプラス面を評価し、卑下を感じることなく弱い面にもスポットライトを当てる。

人生では大変なこともあるけど、楽しく満足することもたくさんあるし、それを経験してきた。いのっちの電話も一件出たから良し！　今日はあとは自分のこと考えよう。

自己否定をしそうになってる。絵なんか描いても仕方がない、お前は何も考えていない、そんなことないよ。自分なりに考えてる。どうやってできるのか。どうやれば自分なりの感覚で続けられるのか。何か正解があって、それに従う必要があると思っている。

でも大丈夫。今週はほどほど仕上げたら、それで100点満点あげよう。よくやってるじゃないか。心底そう思うことができるようになりたい。心底思う方法。

40日目

あと《あと》60日

40日目に入った。昨日の夜から、何かわからない不安にまた襲われている。自分を否定しているんだろうか。否定しているわけではないような気がするが、なんというか恐怖心を感じている。今一番興味のあることに向かおう。それはまずは本を書くことと、絵を描くことだ。まずはそこを徹底していこう。明るく楽しく過ごそう。どんな時も自分を尊敬してあげよう。どんな時も本当に心底尊敬してあげる。それがむちゃくちゃ疲れる。元気でいることが疲れる。そうじゃない、人に対して元気でいるんじゃなくて、自分で自分自身を尊敬するということ。

今日はちょっとやる気がないから原稿はストップしてるけど、絵は描いた。描いたが、なんで絵なんか描いてるんだろうと思ってしまう。すぐにそうなってしまう。原稿もなんで書いてるんだろうってなってしまう。どれだけ作っても、作った感じがしない。それはなんでだろう。

原稿にも向かってみたし、絵はしっかり描いたし、ゲンと一緒に出かけてヤマハ音楽教室行ってみたのも良かった、なんでもやってみないよりもやってみたほうが良い。

今日もよくやったはずなのに、やっぱりなんか自分に文句を言っている。今はどう感じているのか、書き出してみよう。

何も心が動かないような気がする。本を書いていても、なんで今こんなものを書いているのかわからないと思ってしまう。

41日目

相変わらず、自己否定はなかなか止まらないが、それでも、少しずつできてはきているんじゃないか。

〈今日褒めること〉
①朝はきついからとフーに手伝ってもらった、ちゃんと伝えた。
②絵をしっかり描いた。ばっちりな作品ができた。描いてるときにはいつもよくわからないから、簡単に否定しないこと。
③畑に行けた。

畑に行くのは、やっぱり鬱防止になるから、また再開しよう。少しずつでいいから。それでも気が向いたら、さっと畑に行っとく。ちょろっと行けば良し。料理を作るのも鬱防止になる。散歩かジョギングも鬱防止になる。文と絵を描いておくのも鬱防止になる。ちゃんとした作品を作らないといけない、とプレッシャーを与えると、鬱になるが、なんでもいいから、手を動かしておこうという気持ちだったら鬱防止になる。やりすぎ注意。それよりも少しずつでいいから休みなくやるほうがきっと体には良い。もう一度思い出してやってみよう。結構最近はできてると思うよ。何事も鬱防止になるから。何もせずどこにも行かずにいると、鬱になる。何かあればちょろっとでもやっておくと、鬱にはならない。そこまですごいことにならなくてもいい。だいたいでいい。ある程度できてたら、もうそれで褒めておく。一人になって、今後のこと考えなくちゃいけない、となってる時は鬱になりやすい。家族といる時は気にせず、ゆっくりしてると鬱にならない。それでも少しずつ原稿も絵も描いておけば良い。やりたいことが見つかるとさらに鬱にならない。

42日目

あと58日

　まただんだんと調子が悪くなってきてる。朝の支度がしんどくなってきた。そして肝心の原稿も書けない。でも絵は描けるんだから、いいじゃん。どうしても気が散る、集中ができない、遊んでしまってる。でもそれでもいいじゃん。いつもしっかりやってるんだから、こういうときがあっても問題なし。どんな状態でも、やると決めたら、その時間は仕事に集中するようにしたらいい。他のことやってても、結局嫌になるんだから、朝起きたら準備をして、必要なら、家のことをやる。原稿を書くのは本当に難しい。全然集中してやれないから、どうしたらいいかわからない。ネットがつながってるとダメかも。絵は描ける。

　どうしても集中ができない。でももうそれでもいい、なんでもいい、とにかく頼むからご機嫌でいてくれ、というお願いならどうなのか。もうきついのもわかった。嫌なことはやらなきゃいい。頼むから自分が楽でいれるようにしてくれ。とにかく何でもいいから、興味があることをどんどんやっていく。そうしないとつまらないじゃない。今から、僕がどんどん気持ちよくやっていくとしたら、どうするんだろうか。何か絵を描いていくのか。そうじゃなくても、調子が悪くても、それでも毎日やることは変えずにいくのか。それでも走ったり、畑に行ったり、そうやって気分が塞ぎ込むのを避けていくのか。どうやって進ませていくのか。それが今見えていない。個展の依頼が来ても、嫌になってしまっている。これじゃどうしてもうまくはいかない。家でも不貞腐れてしまっている。そうじゃなくて、いつも同じようにに、努力する、うまくいかない時もある、そういう時でも、自分なりにやっておく。それなりに一日を過ごしておく。でも今日ももうよくやったじゃないか。これ以上やると疲れてしまうよ。やれるとしたら、原稿を読むか、キャンバスをやるか。なんでこれで家で気分悪く過ごしてしまうのか。少しでも治っていけるように、前向きにやっていきたいけど、どうしてもそうならない。でも、今日やろうとしたことは全部やってみたらいいけど。

今日はやっぱりまたかなり苦しい。どうしたらいいのかわからなくなってる。家族で一緒に過ごすのもしんどくなってきてるかもしれない。もう苦しすぎて諦めちゃいそうだ。昨日はかずちゃんと飲みに行って、ほんとに良かった！　クマさんにも会えたし、ほんと良かった。

43日目

あと57日

　朝から子供たちの準備。全然できた。なんか不安を感じているが、これに引っ張られすぎないようにしたい。それで、本当はもう少し寝てたいが、今日これで仕事もしないとなると、変になるから、やっておこうと思う。本当に否定することは一つもない。毎日楽しんで過ごせば100点。やりたいことをやりたいようにやるだけ。人といるときは気持ちよく過ごす。

　そして、今、仕事をしている。今日は原稿を読み返している。これもしっかり仕事なんだよ！　自分でちゃんと理解してあげようよ。書けなくなっているわけでもないと思う。僕なりにいろいろ楽しく過ごせてたらいい。何かいろいろ作ったりする人ってことだから。どんなことでも肯定する。どんな状況でも肯定する。そして少しずつでも全部やってみる。気になっていることは全部調べてみる。

　焦ってはいるが、とりあえず絵も2枚描いた。今日は原稿もなかなか進まないから、絵を描いておくのがいいと思う。こうやって焦ってしまうのは、どうしたらいいんだろうか。とりあえず午前中に原稿を書けば、あとはリラックスして過ごして良さそうだけど。どうしても焦ってしまう。アトリエの掃除、そして、ジョギング、畑に行く、音楽制作、10日の歌の練習、とやることは意外とありそうだ。あとは、30冊のカタログレゾネ販売用のパステル選び。これもやってみたらいい。あとは、フキサチーフ。これもできるでしょう。焦らずにやっていこう。あとネットを見るのは、ただ気持ちが凹むだけだから、やめたほうがいい。それよりもこういう原稿書くほうがいいよ。あとは何をやりたいか。今は焦ってしまいがち。でも毎日やることはできてるから、ばっちりなんだけどな。本当にできてるよ。メールの返事もしてみたらどうかと思う。いろいろやってみたらいいじゃん。今、新作に取り掛かれていない、いや、新作には取りかかってる。だから１００点なはずなんだけど、今気になっていること、夢中になりたいことは何かあるんだろうか。原稿がこのままではうまく進まないと思って焦るのは大変だなと思う。タバコを吸っても逆に焦るだけ。焦るくらいなら絵を選んだほうがいい。走ったほうがいい。畑に行ってみたほうがいい。全部できてると思うけどね。それなりに動く方法はわかってきてるはず。

なんとかなるよ。心配せずに楽しむこと優先でいこう。どんどん楽しそうなことをやってみよう。

今日は畑に行ったほうがいいのか、でも明日でいいかな。今日は走ったらもう疲れたかも。

44日目

あと56日

自己否定はまだ全然治ってない。でもそんな簡単には行かないからいいのである。とにかくいつもニコニコしていることだ。どんな状態でもニコニコしておく。まわりの人ともそれなりに心地よく過ごせるようにして、あとはとにかく自分の好き勝手に生きる。なんでもやってみたらいいのである。難しく考えずに人のことも考えずに、なんでもやってみる。

僕の場合、何かを観るだけ、本を読むとか映画を観るとか音楽を聴くとかが苦手で、本を書くとか、絵を描くとかは、できる。本当は24時間、好きなことにどんどん時間を使いたい。躁状態だとそれができているんだろうか。とにかく楽しむってこと。なんでもできると思うけどなぁ。

人からの評価も関係ない、やっている仕事の成果も関係ない、とにかく自分が面白いと思って夢中になってさえいればあとは何の問題もない。それができてればいい。

今日も原稿は書けなかったけど、そこで止まってしまうんじゃなくて、絵を頑張って描いた。よくやったと思うよ。でも、自分が面白いと思えているわけではなくて、やってても虚しい、というのは、変わらない。何もやらないで過ごすよりも、何かやっていたほうが良いのは確か。なんかご飯作っといたほうが良い。

45日目

あと55日

今日のこの感じはなんだろう。記憶はある。よくある感じとも言えるかもしれない。良い感じではない。今日は仕事を休んで、それなりに時間を過ごしてみる日曜日。
①まずはフーと話をした。やっぱり話すと一番の薬になる。
②映画「アンブレイカブル」を観た。シャマランの映画。なんか面白いかもしれない。
③森博さんの本がやっぱりむちゃおもろい。
帰ってきて、シャマランの映画「ノック」を観たらむちゃ面白かった。シャマランは合ってるのかも。

夜ご飯もしっかり作った。今日は嫌なことは一つもなかった。

ちゃんと創作をビジネスとしてやってみる。そうしたら、休むとか考えられないし、締め切りに遅れるのもありえない。ちゃんとビジネスとしてやってみる。でも今回は休憩なんだろうか。

46日目

朝からやることがない。朝から原稿を書くんだが、なんの原稿かわからない。暇だ、と思うけど、ここからやっていけばいいんだから、自分のことを卑下しない。自信を持つ。これでいいんだ。こうやってきたんだから。

自己否定しない。絶対にもうしない。ダメだと言わない。暇だと言わない。つまらないと言わない。面白くないと言わない。どんな時も、一番大切な人と一緒にいると思ってみる。ちょっと気分転換が必要なはず。朝から、絵を描いた。

あと54日

自分の調子のことをあれこれ考えるんじゃなくて、でもこれは仕事だと割り切って考えたらどうかな。朝からやりたいことだけを24時間夢中になれる環境でいることに気づいてごらんよ。本当に何をやってもいいんだし、それがしっかり仕事にもなってるんだよ。

こうやって原稿を書いてみようか。自分に向けて、最大限に優しい自分からの手紙。そうやって書いたら落ち着くだろうか。そうそう、その原稿を書いてみよう。そして、今日も水泳に行ったらいいよ。やってみたいことがきっと見つかると思うけど。

今日は寒かったから、水泳も違う気がしてやめた。畑も雨が降ってたので行かなかった。まあそれでよし。絵は3枚描けたし。原稿はどうにも進まなくなった。まずは書き直しかな。

とにかく僕は僕の味方になる。いつもどんな時も味方になってあげる。どんな時も本当にどんな状態の時だって。今日も絵をしっかり描いたし、ご飯作ったから100点。毎日そうやって過ごしてきてるよ。なんの問題もない。僕の毎日としては、朝からみんなにご飯を作ってあげて、それで自分の仕事を午前中から午後3時くらいまでやって。あとは夜ご飯も作ってあげて。それで今までなんの問題もなかった。

もういいじゃん、楽しく生きたら。

47日目

あと53日

今日は午前中、小説の推敲をしてみた。自分が書きたいものじゃないけど、推敲するのは悪くなかった。3章までやった。その後、ゲンとゲームして、畑に行って、プールに行って1キロ走った。紺ちゃんと会った。帰ってきて、紺ちゃんの絵を描いた。絵はその日か近い日に撮った写真をもとにして描く方がやっぱりいいかもしれないなと思った。それで、僕がこのきつい間に作っていた、曲を映画のサントラにしたいという依頼があった。

久子に電話したら、人と会ってないから、つながりがないように感じるんじゃないかと言われ、たしかにそれはそうだと思った、僕はすぐに連絡を取らなくなってしまう。孤独じゃ大変だなと思った。でも、会いにいけばいいだけなのである。それで、なんか少し風向きが変わった。

　これからもとにかくなんでもいいから手を動かして作品を作っていこうとは思った。

　ゴダールのやり方と同じだ、作り終えたら、すぐに次の作品を作る準備に取りかかる。

　映画を作る人の映画に対する愛情が足りない、映画をそもそも観ない、ということは、自分の本や絵について同じような感じがする。僕は愛が足りないのかもしれない。

　物語に興味を持っているが、語ることができたためしはない。でも物語を語りたいという気持ちはいつもあって、それに支えられてきた。

　今日はそこまで自己否定してないような気がする。

48日目

あと52日

　今日はどんな感じなんだろう。ほんとに毎日気持ちが変わるから、少し困っている。でも今日も心は揺れている。人に会っていないから、と久子ちゃんに言われて、確かにそれはそうだけど、僕はそうやって過ごしてきたので、ぼちぼちでいいから、やっていこう。今日は朝から、掃除洗濯洗い物をやった。あとはお昼まで、小説の推敲をやろう。まずは、自分を肯定していくところから。

　小説の推敲をちょいと終わらせて、昼前に、ゲンの世話をするために戻ってきた。このあとはフーはたぶん3時くらいまで出かけるので、僕が代わりに家にいようと思ってる。その間も少し、推敲6章まで。そのうちの一つは、ポパイでいっか、そして。

ここまでは良かった。でも、サンドイッチを作って、絵を1枚描いている時、また孤独な自分の状態について、解決できないような苦しい状態になった。やる気になれば変わってくるのかもしれないけど、毎日、この生活を続けるのがしんどくなっている。それでもなんとかしていこうよ。でもこの状態でなんとかするって、何をするんだろう。

今日はフーの姉ちゃんが遊びにくる予定だったが、僕が調子を崩してしまったのでナシになった。こういうことが続くとどんどん落ち込みが激しくなっていく。でも、今、それをする方がきついのも事実で、こういう時はきつくてもやるのがいいというふうにしてやってきたが、それがしんどい。こうなると、明日の診察、明後日の散髪と鍼治療、ここまではなんとかいけると思うが、10日の不知火忌がどうにも不安だ。本当に意気消沈で、何をすればいいのか全然わからない。

またこの時がやってきた。でも落ち込みすぎないようにする。自分は価値がないという感情に巻き込まれるのを阻止したい。また自己否定が強くなってる。

①朝から何をしたらいいのかわからない。僕はほとんどのことに興味を持たずに生きてきた。興奮した時だけ何か変なことを思いつくが、実際は面白いことなんか一つも考え出すことができない人間だ。

〈反論〉
朝から何をしたらいいかわからない時もたくさんある。誰かからあれをやってこれをやってと決まっているわけじゃないから、自分でそれを考えださないといけない。だから、わからなくてもいい。わからないから全てだめなんじゃなくて、それでも今日も原稿を手直しして、絵を描いて、掃除洗濯洗い物までやって、サンドイッチも作っている。だから、何をしたらいいのかわからないわけじゃない。そのことがそもそも間違っている。やろうとしていることはある。それが少しうまくいってないだけ。でもそれだからと自分のことを無価値だというのは極論だし、言いすぎだ。２００４年から今までよくやってきた。20年もよくやってきたと思う。そのことに自信を持って、今はちょっと思い浮かばないと思うのなら、ゆっくりしてもいい。今も、絵を描き、文章を書いている。しっかり思いついている。

②原稿を書いていても、一体何を書いているのかわからなくて困っている。そして、書きたいことがわからなくなっている。書きたいことがわかっているときでも、それは思い込みで、いつも勘違いしている。

〈反論〉

今までもこうやって書いてきた。だから今はその過程の時。うまくいかないと思いつつ、でも書き進めていることも事実。もちろん作品にはならないかもしれないけど、でも外に出てきたものだから、大事にしてあげよう。僕自身が考えたことなんだから。あんまり入り込みすぎないように気をつける必要はあると思う。でも、そこに向かっていこうとしていることも事実で、よくやっていると思う。今回はゆっくり書けばいい。やっぱり今日も水泳に行った方が良かった。グーッと潜りすぎるとまずいのかもしれない。書きたいことなんかそんなに簡単にわからないし、そもそも難しい。そんなことを今までやれてこられたんだから、絶対に次も作り上げることはできる。自分としては精一杯やった、と思えたらそれでいい。今取り組んでいることを、精一杯頑張れば良い。そしてがんばってる。エッセイを書きたくなって好き勝手に書いている時もあるが、その時は書いてみたいんだから、それも良しとしよう。今までそれで問題になったことはない。いろんな時がある。でもどんな時でも自分である。今、実はすごくがんばってると思う。この状態でも前に進もうとしているから。否定するんじゃなくて応援したほうがいい。

③お前は自分が辛すぎて、そのことばっかり考えて、他のことにまったく興味がない。人にも興味がない、人の作品にも興味がない。

〈反論〉

お前が否定ばっかりするからこうなってる。お前自体を否定したい。自己否定が強い時は、この否定している状況自体を否定しまくろう。一番否定する必要がある。興味がないことはまったくない。今までいろんなことに興味を持ってきた。むしろ人よりも興味関心は強いように見える。だからこれからも心が動いたものにどんどん興味持てばいいし、興味がなくなったものは仕方がないから、静かにしていればいい。別に貶す必要はない。

④不知火忌に出ることは意味がない。

〈反論〉

まったくそんなことはない。なぜか奇跡的に道子さんと遭遇して、生前会って話すこともできた。そして、何かしてあげたいと思った時は飛んでいった。京二さんともいろいろあったけど、それでもよく付き合ったと思う。そうやって関係を作ったのだから、ずっと感謝を込めて、歌を歌いにいったらいい。

⑤もう歌なんか歌わなきゃいいのに。歌なんか歌っても意味がない。

〈反論〉

あなたの歌でどれだけ人が助けられたことか。そして、自分自身も歌を歌うことで助けられてきた。マエケンがいつも褒めてくれてるけど、本当は身体中に音楽が鳴っていると思うよ。もちろん気が乗らない時もあるかもしれないけど、でも歌はいつも、いつまでも大事だよ。もっとたくさん歌ったらいいよ。歌は人に聞かせることが大事だから、10日は本当に君にとってとにかく大事な日になると思う。丁寧に歌を歌ってきたらいいよ。今この時を毎日大事にするってこと。

⑥もうお前は、何も思いつかない、躁状態がなければ、活発になることもない。だからもう終わったんだよ。今、やりたいこともないだろう。今後の展望もないだろう。ただ気分次第でやりたいだけやって、でも根底には、生きづらさがあるから、本当はやりたくもないんだよ。

〈反論〉

そんなことは決してない。僕は、生きのびるためになんとかいろいろ作ってきた。もちろん躁状態の時に大事な作品が作れたこともあるけど、でも大半はそうじゃなかったよ。大半は辛いけど、がんばった。一度も諦めたことがない。これまで20年間本当によくやったよ。今は本当に思いついてないのかな。そう簡単に断言できない。退屈してると言うが本当にそうなのか。否定する声が聞こえるから大変なだけで、本当は何かが出ようとしているんだと思う。そうやって今までやってきたんだし、きっと何か出てくると思うよ。

⑦人と話をしてもお前はつまらない。今興味があることもないし、話もつまらないから。

〈反論〉

そんなことない。元気な時は普通に会ってるし、いろいろ考えたりもしているよ。それは僕はよく知ってる。そして、何も思いつかない時だってあるし、それは悪いことでもなんでもないし、そういうときもないと、作品を作る時もやってこない。今の状態も一つもおかしくなくて、そういう時があるってだけ。むしろとても大事な時。ゆっくり静かに考える時だし。いのっちの電話もできないなと思ったらやらなきゃいいし、Ｔｗｉｔｔｅｒもちょっと今は違うと思ったらやらなくていい。それでも時々人に会うのはやった方がいいと思う。楽しいことを楽しむのも得意だし、最近は否定の声が強すぎて、それどころじゃないと思っているけど、本当は毎日がんばってるんだから、気分転換も大事だよ。

⑧一人になったらわかると思うが、お前は本当に無価値で、何をやってもうまくいかない。なぜなら何一つ楽しいと思えないからだ。

〈反論〉

楽しいと思えないのは、この自己否定の声が鳴り止まないからだ。こんな状態で楽しむことはできない。でもそうじゃない時は、楽しんでるよ。いろいろ自分で考えだして、楽しむことができてる。だからなんの問題もない。よくできてると思う。

絶対に大丈夫だから、安心して、毎日を送ったらいい。そんなに強く否定しなくても、僕は素直にまっすぐいろいろやるから、心配しなくてもいい。そして、そんなに新しいことばかりやらなくてもいい。少しマンネリになってもいい。しっかりできてる。ちゃんと君は自分なりの方法でこれまでやってきてる。緊張する必要もないし、いつも楽しく希望を持って生きたらいい。

僕の今年の目標は、とにかくどんな状態の自分も否定せずに、暮らすことのできる状態にするってこと。否定する声にいつも徹底して反論できるようにするということ。楽しんでいいし、気持ちを楽にしていいし、もちろんやる時にはやった方がいいけど、動きを止めるときは止めても、自分で否定しないようにすること。なんか好き勝手に生きるのが一番いいけどね。

49日目

あと51日

明日でこの日記も50日目。しかし今日も本当に暇だ。でも暇な人は死ななきゃいけないのか。そんなことはない。働いてないわけでもないし。自分のやりたいことに夢中になれていたらそれで問題ないんだと思うけど。今は死ぬほど時間がある。なんかそれは悪いことだろうか。そんなことはない。暇すぎて友達がいない人はみんな死ななきゃいけないのか。まったくそんなことはない。そんな人間でも生きてていいのである。誰よりも暇な人。暇を愛している人。暇じゃないと嫌な人。暇で暇で仕方がないという状態が大好きな人。つまり今の状態がむちゃくちゃ幸せな人。そんな人になればいいのに。いやちょっと待て、と。暇なのに食べていけてて、なんの問題もない。作るのは余裕でできる。そんな状態なんだから、それは素晴らしいことなんじゃないか。暇だから実はなんでも手伝うことができる。人に会うのも嫌がらずにいればいい。全部笑ってしまったらいい。なるほど確かにそれはそうだ。とにかくありえないほど暇。そして、暇なことは悪いことではない。むしろ素晴らしいこと。何もやることがない。やる気はある。でも何をやればいいのかわからない。別に頭がおかしくなったりする必要はないような気がする。とことんこの暇を楽しんだらどうか。友だちがいないのもそれでいいじゃん。友だちがいない人はみんな死ななきゃいけないのならそれはそれで大変だ。

　ちょっと気づいたぞ。暇ってすごいことなんじゃないか。それで食べられてるんだし。しかも作品もぼちぼち作ってるし。


　今までやろうと思っていたことをすべて思い出して、今、できることは何かないか考えてみる。それか、何か今やってみたら、と思うことを編集者に聞いてみる。えっちゃんにも、どんな個展をやってみるか、アイデアを聞いてみる。梅山には電話してみた、そしたら、子供が読めるようなエルマーの冒険みたいな冒険物語と挿絵を書いてよと言われて、確かにそういうのはできるかもと思った。なんか小難しいことは考えずに、気持ちが楽になったりするようなこと。絵本とか、児童書。漫画とか。

　本当に気楽に好き勝手に思いつくものをどんどんやっていく、というのが一番やりやすいと思う。えっちゃんにも個展の相談をしてみた。やっぱり人にどんどん相談した方がいいなと思った。病院に行ったけど、このままでいいのかもしれないとは思った。躁鬱を出さない、このまま真ん中で生きていく、ということも一つの方法なのかもしれない。今はまだ怖いけど、でも何が怖いんだろう。自分なんか外に放り出して、それで少しずつ勉強していけばいいのにな、と思う。だから、今のまんまでいい。

50日目

とうとう半分まできた。そして、この日記を書いている間寝込んでない。普段なら寝込んでいる状態だと思う。まったく寝込んではいない。そしてやる気もある。人に会うのは、恐怖心が残っている。誰かと会いたいとかはあんまりない。でもさ、今のところなんの問題もない。緊張する必要もない。自分はそんなにたいしたことはない。それでも私は私を尊敬している。価値があると思っている。

私は私のことが本当に大事だ。大事にしたい。誰よりも大事にしたい。今日一体丸一日何をしてくれるのか楽しみにしている。好きに楽しんでくれたらいいなと思う。

原稿の推敲をして、明日の歌の練習。髪を切って、鍼治療に行った。今は普通の状態。僕は普通の人なんだから、そこは見間違えないようにしたい。人に会うのも怖くない。僕は本当に普通の人。まわりの人はみんな面白い。僕は面白いのかどうかはわからない。かといって、人と違ったことをしなくちゃいけないとか考えるのはおかしいこと。

鍼のあと、魚を買って、夜は寿司を握った。

何かに夢中になりたいとは思っている。夢中になっていた頃はいつのことを指しているんだろうか。パステル画を描いて、音楽を作っていた時か。長編小説を書いていた頃のことか。そんなに違いはないと思う。今考えているのは、次の何かに夢中になりたいということだ。とはいっても、今までと違う自分になりたいというのはちょっと違う。

何かを期待して時間を引き延ばしてたりすること

などしない。その辺にあるものでさっと何かを作り上げて、それで問題を解決したことにする。そっか、何かをしたいけど、何をしたらいいのかわからない、とか考えるから、疲れるわけで、今何かやってみたいことをさっとやってみる、別にそれが今までの自分と関係なくてもなんでもいい、何かを作りたいと思っているのかどうかすら気にせず、さっと作る。その辺にあるものでさっと済ませてしまう。それが僕のやり方だ。そうやってやってきたんだから。本を読むのも適当で、でも時々、何かをさっと見つけて、それで何かをさっと作る。

51日目

静かな虚しい時間がやってきてはいるけど、それでも、小説の推敲は終えた。タイトルが浮かばない。「そこにいる」「水場」「私の家」。

その後、ポパイの原稿も書き終えた。ちょっと何回かは井出くんにアイデアを任せよう。とにかくまずは作って終わらせることに集中する。完璧主義から完了主義へ。迷わずまずは終わらせて、そこから伸ばすなら伸ばしていく。毎日少しずつでいいから、やると決めたことを全部終わらせていく。確かに『0円ハウス』みたいな感じで作ったものに自信があって、それを作り上げるというのは楽しかった。そのあとはそんなふうにはいかなくなっていったが、それでもこれまで出してきた本は、それなりに面白いものができたはずだ。

『0円ハウス』『TOKYO 0円ハウス0円生活』『ゼロから始める都市型狩猟採集生活』『独立国家の

つくりかた』『Dig-ital』『幻年時代』『坂口恭平躁鬱日記』『cook』『まとまらない人』『躁鬱大学』『自分の薬を作る』『継続するコツ』『お金の学校』『現実宿り』

いろいろやってきてるし、その都度、それなりに結果も出してきた。パステルもよくやってきた。畑に音楽も。熊本市現代美術館での個展も。いのっちの電話も。それでいったん、これからどうするか少し立ち止まっているということ。そういうことはある。

54日目

あと46日

今日は風邪を引いたかな。丸一日動く気にならない。でもベケットの『名づけられないもの』を読む気になった。『現実宿り』がまた英訳されるとのことでお願いした。

昨日は、ふなねずみの絵を描いて、絵本を描いてみようかという気になった。

やる気がないわけではない。小説もまた書こうとは思ってる。絵も描こうかなとは思ってる。昨日から20時間くらい布団の中にいた。鬱だったんだろうか。そういうわけではなさそうだ。

55日目

風邪引いた、38度6分。
そっか僕はオリジナルがないんだ、ただの器。

あと45日

58日目

自己否定はもうしてないんじゃないかな。もうこのままでいいよ。これじゃダメだっていうのが面倒くさい。もっと軽くしていきたい。もっと遊んでるようにして、適当にやっていきたい。もっと気楽に、プロセスをいつも楽しむこと。人生自体を楽しむ。

そして、自分自身に対して、どんどん優しく甘やかしていく。それくらいやってもいい。もう今までやってたことをまたもう一回やってもいいし。もう悩まないでどんどん作ってみてよー。やらないと食べていけないし。

あと42日

59日目

ようやく治ってきたかな。とは言っても、まだ頭が痛い、体も痛い感じがする。僕の場合は首が痛いから、首が痛い理由は、寝ながらスマホするからじゃないか。

今日もまあ、この調子でやっていけばいいよと思っている。体調が悪い時は仕方がない。でもそれ以外の時間はだいたい何かを作っていよう、と。食べていくためだけに。完全に好きでやっているわけじゃなくて、食べていくためにがんばってきたわけだし。やりたくないからといってやめるのも変だ、と。

でも何にもする気がなくなってしまってて、でもそういう時もあるから、それでも良い、と認めてあげる。僕は淡々と仕事をやろうと思った。とりあえず食べていくために仕方がないし。決して自分を否定しない。今は耐え忍ぶしかない。また楽になる時もきっとくる。

あと41日

60日目

朝起きてしんどいが、人生はしんどいものだし、それでも淡々とやっていこう！　きついから寝るんじゃなくて、きついのが人生、だから気にせず今日も体を起こして、家事やって、どんどん新作を作っていこう。毎日新作を作る。そして、今日も絵を5枚描いたし、音楽も1つ新曲を作った。

あと40日

61日目

今日はそんなに苦しくなかった。まりちゃんと、絵について全部仕事を進めた。

あと39日

62日目

じゅんこ先生のところに2ヶ月ぶりに顔を出した。とても褒められた。この調子で行こう、と。ネアンデルタール人として、用意された道じゃなくて、けもの道を歩いていこう、と。毎日違うことをする。その日に気になったことをする。

あと38日

63日目

あと37日

今日は朝から仕事をする気にあんまりならずに。朝の子供たちの準備はバッチリ。洗濯と洗い物も。お昼は都一。食べたくなったので。

64日目

あと36日

朝起きて、すぐやる気になれない。連休だと調子がやっぱり崩れる。朝起きて、何かやろうと思ってもなかなか動き始められない。でもそれでいいと思う。今日やることは、ポパイの原稿。小説推敲。パステル。作曲。でもそれで困っているわけでもない。何かしたいなと思うけど、とりあえず、動いておこう。絵を描いても、音楽をやってもなかなか面白いと思えないし、やりたいと思えることがない。こうなると、全部が変な感じがする。こういうときは体を動かした方が良さそうな気がする。プールか畑か。原稿を書く気にもなれないし。

それでも今日は1枚絵を描いて、音楽を1つ作って、あとは、オンラインで絵を11枚販売した。本当なら、もう今日はよくやった、ということで、あとはぼんやりしてたらいいんだけど、しかしこういう時はもう諦めよう。今日は無理だもんな、と。

65日目

あと35日

　とうとうきてしまった。もう体は動かないから仕方がない。かといってそのまま寝て過ごすのもできない。こういうときはどうすればいいのか。こういうときは仕方がないから、それでもなんとかやっていくというのをやれたらいいけど、どうしても体が動かないし、気持ちも戻らないので、どこかにドライブでもしてきたらいいんだろうか。ドライブするのは面倒くさい。それならば、なんだろう。映画でも観に行ったらいいのか。でも観に行きたいと思えない。寝てたいわけでもないが、何をしたらいいのかわからない。今のこの気持ちは苦しい。体が固まってしまう。推敲をしたいわけでもない。寝てたいわけではなく、外にも出れない場合。どうすればいいんだろうか。畑に行くのも違う。部屋でなんとか過ごせたらいいのか。それはそうかもしれない。今は本当は助けて欲しい。でも誰にも助けることはできない。こういうときにどうすればいいのか今もよくわからない。作品をとりあえずは作っておくのはいいとは思う。あとは外に出ていけばいいのか。外に出たいわけでもないが、何にもせずに呆然と過ごすのも違う気がする。それならTRAXをまとめたり、他の仕事のことを進めておく必要があることを少しやればいいのだが、そういう気分になれない。塞ぎ込んでいる。とりあえずドライブしてきたが、しない方が良いくらいだった。とは言え、そのまんまだとかなりやられてたはずだから、やった方が良かったはず。きついけど、絵も描いたし、曲も作ったし、でももう虚しくて仕方がない。こういう時どうすればいいのか。家にいてもかなりしんどいから どうしたらいいのかわからんのよね。でもこれで何か適当に動画だけ観てもなんも変わらない。疲れたなら、ゆっくり寝て過ごした方がいいんだと思うけど、そして楽しく過ごせたらそのほうがいいんだろうけど。こういうときがきたら仕方がないからこの調子で乗り切るしかない。今は何もできない。でもこうなってしまったらもう身動き取れないし、何かしたところで、うまくはいかない。ここは諦めて被害を最小限にするのが一番。とは言っても、何か問題が起きているわけではない。雲仙の展示をどうするか。とりあえず作品を送るのはできると思う。でもどうなのか。また調子が悪くなってしまったなは伝えても良いと思う。ほんとになんのやる気も起きなくなってて、それが本当にしんどい。どうしてこうなのか、訳がわからないわけじゃない。どうしても、やりたいと思うことが見つからない。でもそれでもなんとか生きのびる。何もしないわけじゃなくて、それでもなんとかやっている。

正直、毎日の生活が単調でつまらない。それなら何が変えられるかって、なかなか変えるのが難しい。いろんなことを試してみようと思うが、やってもすぐ嫌になってしまう。ずっと暇で、暇じゃなくそうとするけど、やることは全部一人でやらなくちゃいけなくて、かといって人と何かするのもしんどいから、どうにもできない。一時的に気分転換しても、何時間もするわけにはいかず、そうするとすぐいつもの自分の状態に戻る。今は小説を書くのも違うし、絵を描くのもしんどくて長くはできない。音楽も1時間が限度、やっても嫌になるばかりで、絵を売るのはできるが、それもやってもきついばかりで、何をやっても一つも自分の力にならない。そう思いこんでいるので何もできない。時間潰しに何かを見ても何も反応しないから、映画とか観てやり過ごすのもできない。ご飯を作ろうにも腹も減らない。皿を洗ったり部屋を掃除したり風呂に入ったりすればいいんだろうけどその気力もない。かといって寝ているわけにもいかない。まずいことにほとんどすべてのことに飽きてしまってて、ちょっとやそっとではもう変わらないのかもしれない。

ちょっと冷静に考えてみよう。なかなか簡単に今のこの状態を変えるのは難しい。でも、実は何も悪いことが起きているわけではない。朝から原稿を書いてみたらいいし、もちろんそんなに簡単に面白いことが書けるわけでもない。面白くなくてもいいし。それよりもやることをやっておくのが大事。ちょっと違うなと思ってても、それでも今日やることはやっておく。そうやって今までやってきたんだし、そのことにぐったりする必要はない。でもこうやってぐったりしてしまう日があってもいい。いいけど、でももうこの状態はしんどい。そうならないようにしたい。そうならないようにするためにはどうしたらいいか。その日にやることを決めて、その日にやることを終わらせたら、あとはさっと忘れて楽しいことをする。楽しいことが何かがわからない。どんな状態だっていい。虚しいのも仕方がない。虚しいと感じたら、さっと対処するのが一番。家にいても虚しいだけなら、外に出たほうがいい。でも外に出ても、虚しいのはなかなかなくならない。気持ちが落ち着かない時にやったら良いこと。寝てても仕方がないんだけど、車の運転も大変で、畑に行くのも、違うけどやらないよりはいいかもしれない。今、本当にしんどい。やることがなくなってきた。

これじゃあまずい。今のまんまじゃまずい。家でも面白くないし、何かをしようという気にもなれないし、ぼんやりしてるだけじゃ仕方がない。

もう諦めた方がいいと思う。そんなに毎日うまくはいかない。大抵は、冴えない日が続くことになる。それでも問題がないようにしていきたい。それでも誰にも悪い気持ちにはさせたくないし、文句を言っても仕方がない。誰も悪くはないから。それは自分なので、今までのやり方じゃない方法で、嫌な気持ちになることもなく、淡々と仕事を進めていく方法があればいいんだろうか。でもなかなかそれができないから困っているんだけど。でも何か発表しないわけにはいかないし、絵を売り本を作ることを仕事にしてきたんだから、それをやっていくとは心に決めて、でも何にも浮かばないわけでそれで困っているが、元々特に閃いたりしているわけではないし、閃いた時は逆に怪しいと思った方がいい。こうやってなかなかうまくいかずに一日が終わっていくことの方が多い。でも本当はそれでいいのである。全然それでよくて、だからといって諦めるというのとも違うし、なかなか面白いことが思いつかない、それでもなんの問題もない。だからそれでイライラしたりすることも無くなった。当たり前だから。でも少しずつやっていけば終わるということがわかった。とにかくどんな状態でも、少しずつやっていくことを覚えていく必要がある。でも今のこの何も面白いと思えない状態。それでもなんとかやってみるのが面白い。こんな状態なのに、今までなんとかやれてこれたことが、そのこと自体が不思議である。一体どうすればいいんだろうか。

なんでもやってあげたらいいのに。迎えに行くのも、遊びに連れていってあげるのも。なんでも大事。なんでも気分転換。いつも気分転換してたらいいと思う。やりたくなって仕方がなくなったらやればいい。全部やらなくちゃいけないんじゃ、嫌になるから、なかなか大変だったけど、でもそれで誰かが困るというわけではなかったし、なんとか乗り切ってきた。これからも、電話には出つつ、文章書いて、絵を描いて、音楽作って、生きていくぞ。とは言いつつ、それができるかどうかで困っているんだけど。

　仕事をやっていく上でいつも大丈夫と思えるために、誰か助けてくれる人が必要だけど、それがパートナーではないという残念なところがある。どうやって、気持ちを戻していくのか。いつもニコニコしてたいなと思う。いつもどんな時もニコニコ、何かを作っていたらいいんだけど、そうじゃない時もある。そうじゃない時も作る。まあたまにはこうやってきついときがあるよ。きつくても気にしない。きついのが当然だから。きつくてもそれなりにやっていくってことだ。きついからやらないなんて道はない。きついもんだよ。そして、きつくてもやる。

　人にやる気がないことをぼやいても仕方がないぞ、ここは自分でなんとか盛り立ててあげるしかないし、フーがおれに何か助けて欲しいと言ってきたことがあるか。ないだろう。つまり、そうやって自分で助け出していくしかない。ここを人に頼る限り、絶対に楽にならない、逆に自分で助け出せるようになると、必ず楽になる。本当にどうしたらいいかわからない。すごいエネルギーだとは思う。使い道がわからないけど。でも使い道はある。だから、ぼんやりとせずに毎日動かし続ける方がいいんだと思うけど、まったく楽しくないのは辛い。

　今日みたいな日が時々訪れるが、僕は全く気にしない。そんなものだと思っていたらいい。でも人と一緒にいると思うとしんどくなってくる。でも実際は逆じゃないか？　人といないとおかしくなるんじゃないか。人といるのはありがたいことなんじゃないか。調子が悪くてもそれでも人がいないより、いたほうがいいんじゃないか。どんな自分でも一つも文句言わずにいくぞー。今はきついんだから、寝ておこう。それでよし。問題はない。今まで通り。でもどうやっても、すっきりしないのはしんどい。

66日目

あと34日

すっかり寝込んでしまった。今はまた自分への攻撃がすごいんだろうか。こういう状態でどうやれば、否定せずに過ごせるのか。なかなか難しい。今日一日は仕方がないような気がする。こうなってしまうとなかなか戻れない。本当にどうすればいいんだろうか。こうなってしまったらなかなか難しい。なんとか保とうと思っているが、なんで優しくできないんだろうか。自分にも厳しい。それがあらゆるところに飛び火してしまってる。この状態で文句を言ったらかわいそうだから、なんとかしのげる方法を探そう。寝ていられるなら寝ててもいいと思うけど。

自分の問題。なんとかしなくちゃいけないところ。朝から起きてずっと虚しさを感じるところ。自分の仕事にまったくやりがいを感じていない。やりたくもないことをずっとやっている。他のことで楽しむことも知らない。そもそも楽しんできていないので、楽しみ方もわからない。あらゆることすべてが虚しくなってしまっている。

朝から、いろいろ準備、掃除、アトリエも掃除、次の絵の準備とか個展準備とか、次の本の準備、体はきついかもしれないけど、やったほうがやっぱりいいと思う。本当はどんなことでも少しでもやってみようと思えたらやってみる。どんなことでも少しでも動くと、気分転換になるから、どんなことでもやればいいんだけど。今の調子だと、ちょっとうまくいかなそうな気がする。

今日元気だったら何をしているか。今日元気だったら、畑に行って、水泳に行って、ご飯作って、文章書いて、絵を描いて、音楽作って。そんなに毎日が面白いわけじゃないけど、それでいい。でもできるだけ面白いことが起こるといいなとは思っている。それくらいの状態で生きていくのはどうか。面白くないと言ったりしないでいいんじゃないか。面白くないと思う必要もないような気がする。ささやかなことに喜びを感じれたりしたら、ずいぶん楽になるんだけど、どうしてもそんなふうに考えることはできない。

人と話せるようになるか。それは急には変わらないだろうから、なかなか難しいと思う。そうじゃなくて、毎日の生活に関して、無理なく続けられるようにしていけたらいい。もしかしたら今の感じは、自分にとって一番無理のないやり方なのかもしれない。友人もそんなにいないし。自分のやりたいことも時々は浮かんでくるが、それは時々で大抵はそんなことはない。

さて、どうやってこれからも生きていくか。ライターズブロックを感じながらやっていくか。しかし、そんなスランプになるほど、何かたいしたことをしているわけでもないんじゃないか。もっと気楽にやったらいいんじゃないか。創作をしようとすると、なんでこんなことしているのかと嫌になるときがある。本を読もうとしているときも落ち着かない。

とは言っても、何か作る以外のほうが楽しかったら、そっちのほうがいいけど。

そんなにすごいものは作れないけど、それでも毎日作ることはできるし、そうやって毎日せっせと作ってきて今がある。それがどんだけ面白くないと思っていたとしても、それよりも面白かったことは実は今まで一つもない。ということは僕の人生では、作ることは一番面白いし、どうやら自分を生かしていることは確かなようだ。

とにかく今までのやり方で何ひとつ問題はないから、問題ないから今まで続いてきてるんだから。もちろん、もう人前に出たりするのは疲れたよ、とかあるかもしれないけど、元気なときはでたがるもんだし、つい8月まではそうやって過ごしていたんだし。元気になればまたそうなるんだとは思う。

何かを作るということが仕事じゃないんだろうか。しかし、そう思う前にまずはとことんやってみる必要があるとは思う。今までこれでなんとかやってこれたんだから。なんかちょっと変だなと思うことがないわけでもない。そんなこと言ってる場合ではないような気もする。

とうとう完全に壊れてしまったのか。今の仕事じゃ、ダメなのか。やり方がうまくないような気がするんだけど、それじゃあどうやれば気楽になれるのかと考えると、それがわからない。

67日目

あと33日

完全に壊れてしまった。自分を大事にすることができない。どうやっても自分を無茶苦茶にしてしまう。もうこれはどうしても治らない。どんな状態でも、自分を守ってあげるということができない。かなりきつい。でもそれでも動かないよりも動いた方がいい。嫌なことばかりじゃなくて、なんとか楽しいことをやってみた方がいい。でも家族と過ごすのもきついのが難しい。部屋にはいない方がいい。何か少しでも楽しいことをしたほうがいい。今のこの状態を抜け出すのはかなり難しい気がする。パンを作ったり、何か少しでも楽しいことを見つけていきたい。まりちゃんに会ったり、かずちゃんに会ったり、橙書店に行ったり、畑に行ったり。

いきなり何もかも変えることはできない。でも暇な時間をできるだけ作らないようにしたい。暇じゃないようにしたい。じゃあどうするか、朝から朝ごはん作って、家の掃除をして、アトリエの掃除をして、原稿は原稿で家で書いて、絵も一枚は必ず描いて。

今はそんなに簡単に気持ちは戻ってこない。それでもなんとか朝から、原稿を書いて、そして、絵を描いて、音楽を作って、ということはやってきた。それをやったらあとは違うことに時間を使った方がいい。できるだけ外にいた方がいい。ほんとはそうだ。体を動かした方がいいし、これは虚しくてもやっておいた方が結果的に良い。

今きついのは理解できる。これはどうにもしようがない。そしてこのときはこのときなりに生きていくしかない。今は将来のことなんか考えることはできない。今は今日一日をなんとか生きのびるしか方法がない。

朝ごはんを作り、家の掃除と洗濯、洗い物をやって、そのまま原稿が書けるかを実験して、これは2時間でいい、2時間やったら外に出て散歩をして、絵を描いて、音楽を作って、畑に行って、誰か1人は会いに行って、さかむらでも橙書店でもかずちゃんでもまりちゃんでもかおるでもいいから、夕方6時からは夜ご飯を作り、夜10時くらいには寝る生活をしたら良いんだろうか。調子が良いときは、それをやってる。

塞ぎ込んでいても苦しいだけだから、笑顔でがんばるしかない。体を動かして、人に会って、やるべき仕事を嫌でも少しだけやる。もうそれしかない。それをしないで1人でぐったりするほうが苦しい。死ぬよりも苦しくはない。携帯はもう見ても意味がない。まったくここには答えはない。本の中にもないし、自分の中にしかない。そして今は全て出してしまっている可能性が高い。

今やることなすこと自信がない。自分自身に対しても否定的で。僕のやり方は間違っている。僕は何もやりたくないのに、今の仕事をやっている。なんとか生きのびるためにやってはいるけど、この仕事自体はやりたくない。やってみたいと思っているけど、どうしても面白みを感じないし、可能性も何も感じない。どうでもいいとすら感じている。だからずっと退屈している。やる仕事も退屈していて、他に好きなことでもあればいいが、そういうものはひとつもない。何をしても何ひとつ面白いと感じられない。どうしてそうなのかがわからない。面白くないから、誰とも付き合いがなくなる、人と一緒にいても楽しくない、フーといても楽しくない、子供達といても楽しくない、本当に何ひとつ楽しいと感じられない。自分がこれからやっていきたいと思っていることもない。だから今の状態になっている。今の状態になっている理由は、やりたいと思っていることが何もないから。自分がやってみたいと思うことが少しでもあればいいが、それが全くないので、仕事も広がるはずがない、実際広がってもいない。死にたいとしか感じていない。それができないから嫌々やってる。だからうまくいかない。書いてきたもの描いてきたものも、どれひとつとして気に入ってるものすらない。やらなければよかったとしか思わない。もう明日から気持ちを入れ替えて、朝から仕事をする。そして外出もする。本当に今はずっと1人でどうしたらいいかわからなくなっている。

　もう自分のせいじゃない。躁鬱の波に翻弄されてしまっている。生きていることはしょっちゅうバランスが崩れるということ。初めから自己完結しない、他人を当てにしている。弱さやダメさにおいて他人の力が引き出される。その場しのぎをやっていく。体は自分の意識とはまったく違うように動く。

68日目

あと32日

　さて、朝は子供たちの準備ができた。やる気はそんなにないが、まったくないわけではないようだ。毎日よくやってるなと思う。でもどうしても、なんか投げやりな自分がいるような気がする。そんな気がするけど、そこにフォーカスしすぎないで、やっていきたい。悪い感情をそんなに抱かないでやってみる。今は本当に何も発信する力がない。作品を作ろうとする力もない。でもほんとだろうか。何かやってみようと思ってやってみたら。何か向上心があるんだとは思う。でもなんか今は違う気がする。

9時から10時まで　洗濯と部屋の掃除。終わった！　やってよかった。気持ちよくなった。そしてできる。僕はできる。

10時から11時　絵を描いてみる。

10時からまりちゃんが遊びにきた。それで話をした。

11時から畑に行って生ゴミを埋める。

12時　お昼ご飯を食べに行ってみる。

1時から2時半まで原稿。ポパイの原稿。

2時半からパステルのロケハン。

4時から作曲。

6時　終わり。

とにかくやる気を出させるためには、思考よりも行動が先。行動さえ進ませていれば、そのうちやる気も出てくる。展覧会も、3月1つ、5月2つ、6月旅人と、7月1つ、9月2つ、11月1つ、と11月までに8つもある。本を1冊すでに書き上げている。短編90枚も完成している。そうやって考えると、たくさんあるような気がする。でも今年はスローペースではある。とは言ってももう3000万円以上稼いでいる。ゆっくり寝てもいいといえばいいはずだ。

69日目

あと31日

この70日近くの中で、初めて、朝起きて、すぐインスピレーションを感じた。

①ネアンデルタール人のつもりで小説を書いてみよう。

②昨日描いたキャンバスの絵は、まるで洞窟の壁画のようで、でもそう思ってしまって洞窟の壁画みたいに絵を描けというわけではなく、今までの人が感じているイメージとしての原人のイメージではなく、自分なりの、自分が素直に感じていることを表す。ということ、自分が見えているものではなく、自分は媒体にすぎないので、体だけをただ動かす。

③ｍａｋｅをやってみよう、と。釘1本から作りはじめてみる。

人のことを羨ましがったりしないで、自分のやり方で、自分の好きなようにやってみよう。全部そのままでいいと思う。

70日目

あと30日

やる気がないわけじゃない。何かやりたいのは確かだから、それでも頭があっちいったりこっちいったりもする。どうしてもまだ、何から手をつけたらいいかわからないという状態が続いている。自分は何をしようとしているんだろうかとわからない状態。というか、もしかしたら、何もやりたくはないんじゃないかという状態。今はちょっとやりたいことがわからなくなっている状態でもある。じゃあこういうときはどうするのか。こういう時は、ちょっと好きじゃなくてもそれでも、自分なりに興味が持てそうなことを一応やってみるってことなんじゃないか。

今日からまた1ヶ月、いろいろトライしてみたいと思う。途中でがっくりこない方がいいんだと思う。ある程度、バランスよく、毎日作品作りを積み重ねていく。でも、何をやってるかわからない状態で、やり続けるのも結構しんどいが。考える時間は、30分くらいにした方が良さそうな気がする。

なんでなのかわからないが、途端にやる気が一気になくなる時がある。でもそういうときはそういうときで仕方がないじゃないか。なんでもやってみたいと思う時もあるし、なんでもずっとつくり続けられるときもあるけど、パステル画なんかもそうだけど、それが面白いわけじゃないということ。でももうそれはわかったし、わかったからって、それで何にもやらないのも違うし、今の自分の何が納得いかないんだろうかと考えると。今日はアトリエの掃除でもやってみるといいんだろうか。今日はもう作ったりするのは違う気がするから。でも本当にやる気がない。このやる気がないのはそれはそれで放置しといていいんじゃないか。

なんというか、そんなに真面目に取り組むようなものじゃない。それで人生もう終わりだ、みたいになるのもちょっと違うし、なんか仕事に馬鹿みたいに精力的になるのもまた違う気がして、リラックスしながら、好きなことを好きなだけやれたら、1番良い。でも、何かやりたいことがまったく見えない場合どうするのかなぁ、というのがある。僕の場合は、毎日、何かしら気になることをやってみる、ということに集中できたらいいんだけど、どうしてもそうできないところがある。今日はこのあと、原稿を書いてみようと思うが、どうしても体が硬くなってしまう。

昨日珍しく、いろいろ思いついてやってみようという気になれた。僕の不安は何を擬態しているんだろうか。追い詰めるように作ることに専念してても、苦しいだけのような気がする。でも、僕は、どうも、なんでもいろいろ作ってみる、ということが楽しいわけではないようで、かと言って他に楽しいことがあるわけでもない。だから、諦めてほしいと思うのだが、本当にどうしたらいいんだろうかと思う。

いいじゃん、いろんなことに興味を持って、時々はまったく何にも興味がなくなって、動けなくなったりする。好奇心がないのは今に始まったことじゃなくて、もう自分の動き方そのもので、でも何かやってみたいなとは思いながら生活している。毎日5時くらいまではなんとかやろうとしてみる。

でもやらないとやる気にならないから、とりあえずやってみるしかない、ってことなんだと思う。実はここでどれだけ考えても先は見えてこない。作ったら先は見えてくる。作るばかりで、おかしくなったら、外を散歩したり、電話したり、畑に行ってみたり、橙書店に行ってみたり、すればいいってことかな。

今はとにかく、朝起きたら、次の短編30枚を書いてみる。そして書き上げたいと思っているものも、どんどん書き上げてみる。書き上げたいと思っている本があるのかというと、それはほとんどもう全部書き上げてしまっている。だからむちゃ面白いというふうにならないんだよなぁと。書いて、それが少しでも自分に意味があればいいけど、そんなふうに進んでいかない。もうこれはまったく意味がないとあきらめて、こんなことせずに、とにかく自分なりに新作を作ることに集中した方がいいんじゃないかと思った。次はどんなものを書くんだろうか、と考えるよりも先に、もう書いちゃう。何を書くのかとか考えずに、とにかく次の作品を書く。次の絵を描く。そして次の音楽を作る。考えずにもう作っちゃう。展覧会のためにあとは立体がいくつかあるといいけど。

　とにかく、今の自分は、忙しくない。とにかく暇だ。そして、楽しくない。何も楽しいと思えることがない。それは今まではどうだったのか。今まで楽しいと思えることはなんだったのか。色々と仕事をしに行ったことか。東京に行って彼女に会っている時か。そうやって家族から離れて楽しんでいたのかもしれない。それ以外に楽しいことがほとんどない。フーといても今はほとんど楽しいことはない。なんというか、僕のことなんかどうでもよくて、自分のことばかりに夢中なフーが嫌になってるが、それは元々僕がそうだったからじゃないか。それでも、僕は楽しくないから、こうなった。どうしたらいいんだろうか。どうしたらいいのかわからない。そんなことばかり言ってる。

　とにかく暇であることからは離れられない。それでも馬鹿みたいに稼いでいる。これはどういうことなのか。夜、僕は自分の時間を過ごしたいと思ってる。別にただ眠っていたいわけじゃない。

　でも暇でもいいじゃないか。いつまでやってても仕上がらない。いつまでもできないと思いながらやればいいんだろうか。でも、なんかよくわからないけどずっとやってる。生きていくのがしんどくて、楽しいわけでもなくて、苦しいばっかりで、それでもやらなくちゃ進まない。苦しいけど、なんとかやっていく、やってみる、でも人に会いたいとかもなくなってて、モチベーションも上がらない、上がらないが、やりたくないわけじゃなさそうで、本当にどうすればいいかわからない。でもこの先に何かやりたいことが見つかるんじゃないかと思い始めてるけど、やろうとしていることも、なんかもう自分では疲れてきてるというか、なんでやっているのかわからない。それならそれで倒れてもいいんだけど、倒れても仕方がない。だから自分一人で方法を見つけていく必要がある。僕には自分がやっていることを理解してくれる人が必要である。でもいなくてもなんとかできるのだろうか。

どうやって自分がやっていくのか。それがほとんど見えないんだと思う。今までもずっと見えなかったけど、そのことと向き合おうとしているのか。でも本当に何をしたらいいのかがわからない。何をしたいのかもわからない。でもちょっとずつやっていく必要がある。子供を連れてどこかに行くとか、そういうことも考えてみたらいいと思うけど。でも今

はそうじゃない。フーがそうやって今動いていることがすごく邪魔に感じる。そうじゃない。今こうなることで、自分が本当に何がしたいのかがわからなくなっているという現実にぶつかっている。それで僕は何か見つけられるんだろうか。そんな気が少しもしない。僕が最後に気づくのは、最初に気づいていたが、別に何かをやりたいとかそういうわけでもなかったということだ。それでも今までやってきて良かったんだと思うけど。今は本当に何がやりたいのかがわからない。それでもう嫌になってる。生きるのが面倒くさくなってる。

自分のテーマはなんなのだろうか。それが何かわかることがあるんだろうか。こんなに苦しむ必要はないんだろうか。もっと気楽に考えたらいいんだろうか。どうして僕はこんなに苦しんでいるんだろうか。そして、やりたくもないことをやっている。でも他にやることもわからない。何かこれで面白いと

思えることが見つかればいいが、それが何か私はわからないのです。これが鬱ということです。でもとにかく僕は毎日何かしら仕事を進めようと思うのです。

71日目

あと29日

朝からまた迷っている。自分の仕方のないことを悩んでいる。何をやりたいのかわかっていない、何をやりたいのか全然わからない状態で仕事をしている。でも時々楽になるときもある。楽になると、今度は作ろうとも思わなくなる。一体なんなんだろう今の状態は。それでもたいして変わってもないと思う。でも、とても前向きに、積極的に動こうという感じとは違うということなのか。いやでも、元々そんな感じだ。そして、とりあえず悩むのは後回しにして、まずは、作ること、こっちを優先したほうがあとになってよく考えると、それで間違いはなかったということになるのではないか。僕は自分が何か特別な考え方ができるとは思っていないし、でも、やること自体は楽しんでやってると思うんだけど、でも今はかなりしんどい。

考える前に作る。ちょっと今は大変な状態で、このままだとやっぱり変だ。今まで僕は、自分なりにいろいろやってみたいことを見つけてきて、それで形にして、諦めずに仕事をしてきた。一度も困ったことにはならなかったし、子供も元気にすくすく育った。そして、僕自身もどんどん仕事をしてきて、今まで食べることにも問題がなかった。もっといろんなことができたはずだ、と考えるのではなく、今までやってきたことがとにかくとんでもなくすごいことだ。僕は他の人にはできないことをたくさんやってきた。もっとできたはずだ、という言葉は、誰にでも言えることでまったく意味がない。

どうして自分の長所をそんなに無意味なことにするのか。今までとにかくよくやってきたじゃないか。今もまた、やっていこうと思っているじゃないか。そして、現に、今回の絵の販売もうまく行ったじゃないか。これ以上に何ができたんだ。そんなに知識がないからだめなのか、そうじゃない、今までそれでもすごいことにどんどん作品を作ってきて、それで生きのびてきた。そのこと自体がとてもすごいことだと思う。

自分と他人の健康に何か関与できれば無価値ではない。何か自分にできることが良い結果になれば無価値ではない。生きていることが一人の人間に影響を与えれば無価値ではない。自分の意見、知性を尊重できれば無価値ではない。もし人が褒めてくれれば儲け物だ。自分の尊厳、威厳を保っていれば無価値ではない。従業員の生活の助けになっていれば無価値ではない。自分の生産性や創造性を通して顧客の役に立つよう最善を尽くせば無価値ではない。今の環境での私の存在が、他人に影響を与えるのならば無価値ではない。自分は無価値ではない、大変に価値があるんだ。

なぜ僕は、人に対してはとても優しい基準で、一度失敗しても絶対に諦める必要はないと思っているのに、自分には別の基準があるんだろう。この二重の標準が役に立たない。自分は他人よりも何千倍も大事な存在なのだから。完全主義者というのはだいたいそうだが、人よりも自分に厳しくすることが自分には良いという考えを、頑なに守っていました。

全か無か思考の悪癖が自分を麻痺させ挑戦心を失わせる恐怖の種だったのです。その結果、ほとんどの時間をベッドで過ごしたというわけです。まずはこの二重の標準を取り除き、自分を含めてすべての人を一つの客観的な標準で判断するようになれるといいね。自動思考、合理的な反応を使う技法をしてみたらどうか。

ゲンが今の自分みたいに困っているとしたらなんと言ってあげるのかを考えてみたらどうか。

ゲン「パパ、僕は何をやったらいいかわからないんだよね。朝からいつも悩んでしまう」

僕「何をやったらいいか悩んでいるというわけじゃないんだと思うけどね。だって、そうやって今まででいろんなことをしてきたじゃない。それで、しっかり仕事にもなってる。もっと自信を持っていいよ。そして、こうやって、何をすればいいんだろうって悩んでるというよりも、考えてるってことだと思うよ。いつもそうやって悩むだけじゃなくて、手を動かしてしっかり結果を残してるからすごいなと思うよ。自信を持って考えたらいいんだよ」

ゲン「いつも自分は暇している、何もする気はないのに、何かしようとしているように見せているだけって思ってしまうんだよね」

僕「全然暇してないじゃん。君が何もしたくないっていって、ずっと寝て過ごしてるところなんかみたことないよ。いつも、次は何を作ろうかって考えてるよ。考えてる時のことを、暇している、と言わなくていいじゃない。今考えてるんだから」

ゲン「いや、考えてるわけじゃないんだよ、なんかぼーっとしたくて、適当にＹｏｕＴｕｂｅ見てるだけだから」

僕「そういうときがあってもいいんじゃないかな。ずっと張り詰めて考えてるのはきついから、リラックスしようとしてるんだと思うよ。そしてリラックスするのもとても大事だから」

ゲン「そっか。僕はいろいろと考えてるのか」

僕「うん、そうだよ。絶対にそう。考えてないなんてありえないよ。いつも何か作ろうとしているように見えるし、そうやってこれまでやってきたし、簡単には言葉にできないものかもしれないけど、それも、理解できるよ。でも、ゲンはとにかくたくさんのことをやり遂げてきたんだよ」

ゲン「でも、今、何をすればいいかわからずにぐったりしてるんだよ。人にも会えずに、会っても楽しいことなんか考えられずに、いつも辛そうにしてるからもう会えなくなっちゃったし」

僕「今は会いたくないんだから、会わなくてもいいよ。全然問題ないもん。そういう時だってあるじゃん。でも、あなたは、全然諦めてるようには見えないよ。今も、立体のものを作ろうとしてるし、絵も描こうとしてるし、文章も書こうとしてる」

ゲン「僕は何も考えてないんだよ、ただ作ってるだけ」

僕「何か考えないといけないのかな」

ゲン「そうだと思うよ。何も考えずにただ作るなんてありえない。作ったものに関しても何も言えることがないんだよ」

僕「作る人はみんなどこかしらそういうところがあると思うけど。わからないから作るわけで。頭の中で、これだと決まったものをつくる、なんてことの方が難しくないかな、それって不可能な気がするし、面白くないかも。ゲン、君はそのままでとても面白いから、とにかくそのまま落ち着いていいから、自分でいることに自信を持って、素直に体に反応してやりたいようにやればいいんだよ」

ゲン「でも、書くことも描くことも音楽することも好きじゃないんだよ」

僕「そうかな」

あいうえおかきくけこ
さしすせそたちつてと
なに

ろ
て
い
わをん
やゆよ
まみむめも
はひふへほ
なにぬねの
たちつてと
さしすせそ
かきくけこ
あいうえお

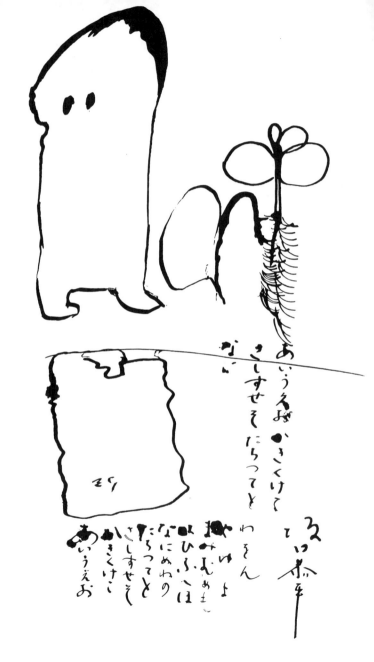

ゲン「そうだよ、僕は楽しいと思えることが一つもないんだよ」

僕「うーん、それはこっちで聞いてても、納得できないなあ。たとえ他に楽しめることが一つもないとしても、それも全然そう思えないんだけどね、料理してる時も楽しそうにやってるし、本を読むのも楽しそうだよ、音楽聴くのも何かないかって探してるし、いくつも楽しめることは持ってるよ。そして、その中でも、文章を書くことはとても大事な行為で、絵を描くこともそうだけど、音楽だって自分が気になってるんだからやってみたらいいじゃない」

ゲン「なんでこんなに楽しめないんだろう」

僕「今はちょっとそんなふうに感じるかもしれないけど、それだったらここまでやってきてないし、人が感動したり絶対にしてないと思うよ。楽しくもないのに、どうしてやるの?」

ゲン「それはお金を稼ぐためだよ」

僕「そうかな。そのためだけにやってるようにはまったく見えないよ」

僕のどこかダメ人間でずっと暇している人間なのか。まったくそんなことはない。本当にまったくそんなことがない。これまでやってきたことやり遂げたことを書いてみよう。

①弟と妹と楽しく遊んだ。
②新しい遊びを考えたりした。
③学級委員になった。
④野球部で頑張った。
⑤彼女ができた。
⑥漫画の本を作った。
⑦学校もずっと行った。
⑧高校に合格し、大学に合格した。
⑨ギターを覚えた。人前で高校生の時から歌うようになった。

⑩卒業論文で一等を取った。
⑪就職はしなかったが、それでも自分が、作った本を出版するところまでこぎつけた。
⑫出版した本を持って世界中営業をした。
⑬世界各地で展覧会をした。
⑭絵を売り始めた。
⑮毎年本を完成させてこれまで40冊も書いてきた。
⑯絵も描き始めて、個展ももう何十回とやってきた。
⑰畑も始めたし、料理もできるし、子供たちをどんなところにも連れていった。
⑱友人にも恵まれている。まわりにはとても優しい人たちがいる。
⑲いのっちの電話をして10年以上も人助けをしている。
⑳会社を設立し、それで今までとにかくどんどんやってきている。一度も食べられなくなったことはないし、今では両親に給料も払っているし、奨学金も払い終えたし、さらに5000万円の貯蓄までやってきた。

ゲン「じゃあ、パパ、僕は今どうやって過ごしたらいいと思う？」
僕「そんなに大きく何かを変えたらいいとはまったく思わないけどなあ。今までと同じように、本を書いて、絵を描いて、音楽を作って、生きていくんだと思うよ。このままで全然いいから」
ゲン「でもやってると虚しくなるんだよね」
僕「それが辛いけどね。でもそうやってやってきて、今があるんだからもしかしたらこの虚しい気持ちも意味があるのかもね。作る上では仕方がないことだったりして。そこまで苦しまなくてもいいんじゃないかとは思うよ。子どもたちは元気に育ってるし、だから、家に置いたまま、仕事をしてもいいじゃない。もちろんどこかに連れていってほしいと言われたり、君が連れていきたいと思ったらやればいいし」

ゲン「でも、何かしなくちゃいけないと焦ってばかりで、何も手につかないし、家族とゆっくり時間を過ごすのも難しいんだよね」

僕「もうまったく焦らなくていいから。そして、新しいことを生み出さなくちゃいけないなんて不安に駆られる必要もまったくないから。やってみたいようにやってみたらいいだけだよ。一人の時間もむちゃくちゃ必要だと思うから、一人でいろいろ作ってみる時間ももちろん大事だけど、ずっと焦って、そのことばかり考えなくちゃいけない、となる必要はないかもね。朝は早いんだから、早く起きて、とにかく作業をして、それで満足するまでやったら、家に帰ってゆっくり子供たちと過ごしたらいいじゃん」

ゲン「でも子供たちともどうやって過ごしたらいいかわからなくて焦ってしまうんだよ」

僕「今まで通りでいいんだよ。よくやってきてるもん」

ゲン「子供がずっとゲームばかりしてるのが落ち着かないんだよね」

僕「そういう時は声をかけてみたらどうかな。でも、子供が外に出かけるのは嫌だ、家でゆっくり過ごしたいと言ってたら、それはそれで尊重してあげてもいいと思うけど」

ゲン「それで僕がアトリエで仕事をしててもいいのかな」

僕「全然それでいいじゃん。でも焦らなかったら家で子供と過ごすのでもいいのかな」

ゲン「それはそうだね。でもそういう時でも何か作ってたいなぁとは思う」

僕「やっぱり基本は作る生活でいいんじゃないかな。でも毎日しっかりやってるから、そこまで追い詰めなくてもいいと思うよ。とにかく、好きなことなんだから、とことん楽しんでやったらいいよ」

ゲン「こうやって、確認作業をしてばかりで、全然仕事が進まない」

僕「そろそろやってみてもいいと思うけど、もしも話したいんならとことん付き合うよ。それでもいいじゃん。気持ちがスッキリしたら必ず仕事もうまくいくし。そして、これは仕事というのか、君にとっては生きるためになくてはならないものだから」

ゲン「本を書くのに、本に興味がなくて、何も読みたくないとか思う」

僕「そんなこと絶対ないでしょ。本には興味あるよ。そして自分が読みたい面白い本って一体なんだろう、どんなものなんだろうっていつも探してるように見えるよ。もちろん簡単には見つからないんだろうけど、それでも、次に書く本は必ず見つけてきてるから」

ゲン「もういろいろやり終えて飽きてしまったような感じがするんだよね」

僕「そんなこともないと思うなぁ。まだ納得いってないところがたくさんありそうだもん。そうじゃなくて、もっといい本を書いてみたい、本当に自分が欲してることを書いてみたいって思ってるように見えるよ。今までのようなものじゃなくてって」

ゲン「それでハードルが上がりすぎてしまってるような気もする」

僕「そんなに毎回すごいものを書くみたいにしかなくても十分によくやってると思うよ。もっとうまくできたはずだ、という思考回路がそうさせてるんだと思う。それはもちろん、仕事を進めていく上での大事なプレッシャーだったかもしれないけど、そこまで自分を追い詰めなくてもいいよ。結構、何か作ったら、それはそれなりに評価される、というのが君だよ。だから元々持ってる力がとてもあるんだよね。そこまで追い詰めずに、逆でもいいと思う。よくやってるなぁ、まあ、今日はゆっくり休んでもいいなあ、みたいな感じで、それで、ちょこっとこれをやってみよう。こういうことをしなくちゃいけない、となるんじゃなくて、こういうのをちょこっとやってみたい、と思って、自分の中で100点を目指すんじゃなくて、こういうのも作ってみた、あいうのも作ってみたい、みたいな感じで」

ゲン「そうすると、全然やる気がなくなるんだよね」

僕「ま、そういうときがあってもいいとは思う。そうじゃない時もあるしね。でもそんなに言わなくてもいい気がするなぁ。君は敗者じゃないよ。自分がやりたいと思ったことをどんどん実現してきた人。もっと緩めても全然大丈夫だから」

ゲン「確かに今少し緩めようとはしてるのかも。でも何を考えてるのかがわからないんだよね。何をやりたいのかも」

僕「そうかなぁ。やりたいことはいつもあるよ。やらなくちゃいけない、毎日作らなくちゃいけない、みたいにやってるとそれは大変かもしれない。もうこうなったら、毎日、ただ好きにやってみたらどうかな。君は真面目だから、それでも全然問題ないと思うよ。とにかくやってみたいと思ったことだけをその日にやってみるっていうのをやってみたら？文章も絵も音楽もやると決めつけすぎずに」

ゲン「でもそれだったら食べていけなくなるよ」

僕「まったくそんなことないから。絶対に大丈夫だから。そして、お金もあるんだから、しばらくは稼がなくてもいいじゃん。とにかく、やりたいことだけにフォーカスしてみたら？」

ゲン「でもやりたいことがわからないんだもん」

僕「そうかな？　今、何か小説を書いてみたいんじゃないの？」

ゲン「確かに、自分がワクワクするようなものを書いてみたい。小説じゃなくてもいいけど、自分がワクワクするようなことを書いてみたい」

僕「ほら、あるじゃん」

ゲン「でもそれがどんなものかわからないから」

僕「それは簡単にはわからないだろうけどね」

ゲン「誰もが好きなことがあるけど、自分にはない」

僕「好きなものだらけに見えるけどね」

ゲン「でも毎日落ち着いて、好きなものと触れてるだけで落ち着くとかそんな感じにはならない」

僕「そういう憧れはあるのかもしれないけど、でもさ、もう一周回って、笑って過ごしたらどうかな。なんかよくわからないけど、何かやってみたいことはあって、それでなんとか文章を書くことと絵を描くことと音楽をすることは見つけてて、他にも無数に見つけてるように見えるけど。それをやるだけやってるけど、まだなかなか見つからない、もしかしたら違うのかもしれないと思ってて、でもそうやって探すまで何もしないんじゃなくて、探してる過程でもとにかく何かは残してて、それが人の役に立ってる、という。もうこれはとんでもない事態なんじゃないかな。それだけですごいと思うよ。もうこうなったら今日は一日付き合うよ。本当に今までやってきたことは全て無意味だったとか言わないでよー。全部にむちゃくちゃ意味があるから。やっても無駄だとか言わなくていいから。何かを探してるんだよ。何をしたいのか、何が好きなのか、でも本当に好きなものはあるよ、はっきりしてるよ、そして、それを自分が生きるために大活用してて、そうやってなんとか生きてるよ。だから、今のまんまでいいし、何がやりたいのかがわからないと思っててもいいし、でも手は止めないでいたらいいと思うし、止めてもいいし。でも退屈そうにしなくてもいいんじゃないかな。いつどんな時でも君は考えようとしてるし、退屈は絶対にしていない！　何かをやりたいとずっと思ってるよ。だから色んな刺激を受けてみたらと思うし、不貞寝なんかできないんだから、しなくていいし。とにかく、君は、無駄でもないし、だめな人間でもないし、人と会わないほうがいい人でもないし、何をしたらいいのかわからない人でもないし、ずっと考えてる人。考えるのが好きな人だと思う。何に興味関心があるかは不思議なんだけど、他の人に興味がない人でもないし、人と比較して文句さえ言わなければ何も問題はない。これから何が起きても大丈夫だと思えるのは、いつもこうやって僕に相談してくれってことだよ。僕は君のことなら、とことんどこまでも肯定して、尊重して、敬意をもって接することができるもん。この人は何も考えていない人ではありません。何かはしたいと思っていつも活動してる人です。今からちょろっと2時間書いてみたらいいよ。今日はネアンデルタール人が小説を書いたらどんなふうになるんだろうという感じでやってみよう。とにかくどんな時も自分を卑下しない。絶対に卑下しない方法を見つけよう。今日ももっといろいろなことができたはずだ」

僕は今まですごいことをずっと成し遂げてきた。自分の好きなことで、ここまでやってこれた。自分に敗者のラベルを貼ってもなんの意味もないことに気づいた。この否定的な自己イメージと麻痺感は、全か無が思考の結果でした。僕の無価値観は、生活の悪い面ばかり見てしまうこと（心のフィルター）とうまいった多くのことを見落としてしまうこと（マイナス化思考）に基づいてました。「もっといろいろなことができたはずだ」と考えることで不必要に自分で腹を立てていることがわかり、経済価値は人間としての値打ちではないことに気づきました。

今体験している症状、つまり無気力とぐずぐず主義は単に一過性の病気の過程で「本当の自分」とはなんの関係もないことがわかったのです。鬱病が個人のダメさ加減に対する罰であると考えることは、肺炎がそうであるのと同じように道理に合わないことなのです。自分で自分に腹を立てる考えに自分で反論する訓練をするたびに自己評価の歪みを減らすことができるようになり、気分も良くなっていきました。とにかく卑下しない。その方法がわからない。とにかく卑下しなければいいんだよ。

72日目

あと28日

朝6時半に起きて、7時には仕事場。まずは原稿を適当に書いて、今から短編小説を12時まで書く予定。それまでに行き詰まったら、さっとやめて、ｗｒｉｔｅをもう一度書いてみる。ｗｒｉｔｅのリライト。そして完成させて、江坂さんに送ってみる。これも年内目指して完成させたい本である。今年は、『生きのびるための事務』『その日暮らし』が出る予定。そして「ｍａｋｅ」も実は出したい。そして「ｗｒｉｔｅ」。あとは小説も一冊完成させたい。３００枚くらいの長編を一つ。そして、短編集だって、そろそろいい感じなんじゃないか。ポパイの原稿も全部揃えて、本になると思うし、とにかく、これまで書いてきた全ての原稿を本にするとしたら、どうなるかと、自分で勝手にまとめてみたらどうだろうか。それは良さそうな感じがする。そうだよ。今までとにかく馬鹿みたいに原稿書いてきたんだから、それらを一度まとめてみようよ。そして、今からやって完成できるものが見つかったなら、それをやってみる。連載原稿だってたくさんある。とにかく原稿ならたくさんあるはずだから。よし、まずは書いてみよう。MONKEYの原稿を。

今日やった素晴らしいこと、

①朝から起きて、仕事に向かったこと。

②今日一日倒れずによくやった。

③悩んではいたけど描き続けた。

人のことを悪く言わない。そして同じように自分のことも悪く言わない。批判的な内なる声がしんどい。なんでもやってみたらいいじゃないか、なんでも思う通りになるよ、と伝えてみたらいいよ。なんでも思う通りになるから、とにかく必要じゃないのは、自分を悪く言うこと、お前みたいな奴が何をしようとしているんだ、お前みたいな奴は、そんなことしても無駄だ、と、声が聞こえてくるけど、そんなことないのである、そんなことなくて、自分の好きなようにしていればいいのである。自分の思う通りに生きること。そして、周りの人と、それを行うこと。どうしてもやる気がなくなりそうになるけど、そういう時も自分を悪く言わないこと。そして、今はとにかく毎日、家でゆっくりしていればいいし。だって苦しいんだから。

今までむちゃくちゃがんばってきてるよ。とにかく、すごいことだと思うけど。すごいかな、何も考えずにただ闇雲にやってきたことだけど。それで苦しんでいるけど。どうしてこれを褒めることができるんだろうか。僕にはそれはできない。

人は思想家ではなく、行動家なのです。いろいろ行動してきたけど、そんな自分を少しも肯定できない。自分の姿を人に見せるのが恥ずかしい。ダメだと思っている。これじゃいつまでたっても絶対に変わらない。そして、今の状態じゃどうしても、別れたとしても決してうまくいかない。だって自分のことを自分で認めることができないんだから。それで、フーが頑張ったり、アオが頑張ったり、ゲンが頑張ったりしてるのを、応援することができないんだから。それは何よりも自分がやっていることを自分が少しも認めないからです。それが本当にしんどい。どうすればいいのかもうわからなくなっている。でもそれをなんとか変えてみたいと思う。

今の自分をすべて肯定するってことはどういうことなのか。ダメなところもすべて肯定するということか。いやダメなところなんか一つもないのである。そのことに気づけばいい。人生をかけてそのことに気づきたい。僕は自分のすべて、じぶんのこういうところも含めてその全てを受け入れたいと思っている。ダメなところなんか一つもない。どんな自分でもいい。楽しくなくてもいい。退屈していてもいい。将来がまったく見えなくてもいい。それでもなんとかなるさ、毎日やっていけば絶対に大丈夫だと思っていたらいい。今、僕の行動はどんどん狭くなっているような気もするけど、それでもいい。人に会えなくなっているような気もするけど、それでもいい。人が死んだとしても少しも悲しくないのは、誰とも深く関わらないようにしているからだけど、それでもいい。両親に対して、距離を取りまくっているけどそれでもいい。どんなことでもそれでいい、そのままでいい、自分らしい状態で、そのままでいいのだと思えたらいい。でもそれが全く思えない。それで困っている。何か今の自分を全て１８０度変えたいと思っている。

もし自分から助かろうという気持ちさえ持てば実質上治ってしまうことを経験から知った。動機づけしていた問題が解決されるやいなや、鬱状態は急速に消失します。

もう絶対に自分に否定的にならない。とにかく自分の好きなことをする。好きなようにする。そしてやっていることは自分が好きなことなんだと決めておく。だってやらなくていいんだから。とにかく楽しく、とにかく前向きに、とにかく自分のやりたいことをやっている。嫌なことなんか一つもない。

もうどうやっても自分がやりたいことがわからない。今やっていることも好きなことじゃない。

自分のやったことをどこまでも安く見積もる。自分の仕事をとことん無意味なものだと信じている。一体何のためにそんなことを思うのか。どうして自分がやったことを自信を持って口にすることができないのか。いつもそうだったから、そうじゃないことなんかなかなかすることが難しい。でもそうじゃないと思えていた時もあるんだと思う。何をやっても意味のある完成が得られないと、やった気になれません。それで結局何もしなくなってしまいます。それがあらゆることのあらゆる部分にまで浸透してしまっている。

僕の理想の状態は、どんな感じなのか。適度にTwitterもする。しなくてもいいんだけど、まあ、それは適度にして問題ないだろう。そして、毎朝原稿は書いてみる。もちろん、書いても、すぐに結果は生まれないので、ちょっとずつである。それで問題はない。とにかくそれは休みなくやっている。やっているほうが気持ちが楽だからだ。それでお昼ご飯は、いつも自分で自分に作ってあげる。もしくは、外で食べたい時に、食べに行く。それで次は午後、絵を描く、絵も3時間くらいか。そこまでやれば、外へ散歩しにいく。散歩する時は、本を買うか、いろんなお店に寄ったりする。とにかくいろんなことが気になるから、気になったものをいろいろ触ったりする。そして、橙書店に行ったり、さかむらに行ったり、かおるの、お店に顔を出したりする。そうやってると子供たちが帰ってくる。帰ってきたら、もうあんまり仕事はできないから適当にゆっくり過ごす。時には取材に行く。友人に電話をする。面白い話を聞いたりする、それで遊びに行ったりもする。一体どうすればいいんだろうか。

　自分を惨めな気持ちにしているのは、ほかでもない自分自身なんだから、自分で自分を惨めにしない。絶対にしない。でも妻が理解してくれない。こんなに困っているなら少しくらい協力してくれてもいいじゃないかと思っている。でも、彼女自身が困っていてそれどころではない。そして、それなら、他の人に助けてもらえればいいのか。なんかそれも変だなと思う。そうじゃなくて、彼女が今苦しいのを助けてあげる方がいいんじゃないか。僕が何かやろうとして、それでいつも僕は自分で好きにいろんなと

ころに行ったりしてきた。それでフーちゃんに全部任せてきた。こうなると、本当に僕はさっぱりいろんなことに興味がなくなってしまう。どこかに行くのも、彼女がいればできたけど、そうじゃないと難しい。そして、今家に帰っても、疲れ果ててしまっていて、お風呂に入る気もなくなっている。でもお風呂に入った方が気持ち良いはずで、家に帰って、サクッと入ったら良いのだ。そして、自分のきついことなんか別に相談しなくていい。自分でなんとかするんだ。本当はそうじゃない。

　私が自分自身を受け入れて、自分自身にやさしく耳を傾けることができる時、そして自分自身になることができる時、私はよりよく生きることができるようです。言い換えると、私が自分に、あるがままの自分でいさせてあげることができる時、私はよりよく生きることができるのです。

73日目

あと27日

今日も朝からしんどいと感じてはいるが、それでも朝から、頑張って起き上がって、アオにご飯を作ってあげた。それだけでも相当すごい。フーに対しては、苛立ちを感じている。この苛立ちについて、伝える必要があるか、どうか迷っている。というか、伝える必要はないと思う。それでもよく短編完成させた。すごすぎる。よくやったよ。

それ以外にはそんなに考えずにいこう。焦らなくていい。今のところバッチリ完璧だよ。それで、必要なことを全部やってあげたらいいくらい。でもこのあとどこに向かえばいいかわからない。全然どこにも向かわないでいいよ。まずやったんだから。完成させたんだから。焦らなくていいから。ゆっくり休むんだよ。あとはよくやった、と褒めて、ゆっくりすることよ。

今日は短編を30枚仕上げて、絵も何枚も描いたし。作曲もしたし。家に帰ってからは、チキンカツを作った。よくやったよ。褒めるところしかない。それなのにまだグーッと落ち込んでる。なんでなんだろな。フーが由美ちゃんと仲良くしてるのも、なんだかムカつく。いつもこんな感じだな、と思った。ずっとむかついてる。それはあんまり良くない。家の中にいても自分だけ不機嫌でいることが多い。誰も悪くない。それはわかってる。自分が苦しんでいるだけ。それなら助けてくれたらいいのに。でもずっと自分はフーちゃんに対して、変な感情がある。

生きていくのはそんなに大変なことなんだろうか。僕は、僕ができることしかできないし、僕にできることなら、どこまでも努力するんだから、もう何も問題がないんだと思う。もっとできる、とか思わなくてもいいんだよと思う。自分なりに楽しく、まわりから信頼されていると感じない。誰も自分のことを笑っているように見える。そういう目で僕が見てしまっているんだなと思う。だから、フーちゃんを裏切って、他の女の子と関係を作ったりしてしまうんだから。それはダメなことだといまだにわかっていないんだと思う。フーちゃんと家族に優しくする。素直に接する。彼らが幸せを感じられるように、心配したりしないようにしてあげる。それだけで十分なのに、僕は自分のことばかり考えてしまっている。自分にできることをやっていけばいいし、それで十分家族も生きていけるし、よく頑張ってる。だから、あとは、自分のことをあんまり悪く思わないで、そこまでサービスしすぎないで、自分のことをちゃんと考えて、進んでいけばいいんだと思う。フーちゃんといることで、子供たちといることで、自分は気持ちを整えられているんだと思うよ。

74日目

あと26日

苦しすぎて、じゅんこ先生のところに行った。そして、書いたもの、困っていることの一覧を送って見せた。すると、じゅんこ先生は、いま自分が書いているものは、すべて葛藤の記録、でもその葛藤が起こる、もっとその本丸に向かわないと先に進まない、いつまでもたっても葛藤は止まらない、でも、その本丸がもう顔を見せていると言った。そして、僕は本当に辛かったあの頃の自分に向かうと決めた。葛藤が起きてる時、足が揺れてる時、落ち着かない時、鼻歌を歌っているとき、それは全て、あの本丸の小さな僕が、助けてと言っているときだから、そこに向かう。それはサインだ。全ての葛藤は、本来のなげきに目を向ける合図だと、この時はじめて気づいた。これからも葛藤は起きると思う。でもその時に本来のなげきを避けて、葛藤に向かうのではなく、あの時の僕に向かって、それが怖いから葛藤していたわけだが、そこにまっすぐ勇気を持って向かおうと思った、そう思えたのははじめてで、これははじめての経験だったとも言える。

77日目

あと23日

自己否定はもう終わった。それがもう完全に意味がないということに気づいたから。朝から緊張するときはあるけど。それはまだ体に染み付いている、体に力が入ったり、呼吸が浅かったりする。でも緊張に気づいたときは、押入れを開けて、恭くんに会いに行けば良い。そう考えると、何か怖いことはもうないように感じた。これは本当に大きな変化じゃないか。一人でいるときにどうなのかも今度はチェックしてみよう。

卒業式に出た。とても良い会。自分も全然気持ちが揺れない。少し揺れたら、すぐに押入れを開けてあげる。まだ押入れの外には出てきていない感じ。呼ぶから、呼ばれたら、すぐ駆けつける。その連続を3分に1回やってた。

クラシクに挨拶してご飯を食べた。半年ぶり。こうやって少しずつやっていこう。今これからのことで不安があるかというとまったくない。一人でいても不安じゃないと思う。一人でいても、自分を励ますことに時間を注ぐといい感じになる。

78日目

あと22日

自己否定はまったくない。でも作品を作る気にもあまりなってない。ゲンが一緒に遊びたそうだから、遊んであげてもいいかも。

80日目

あと20日

自己否定はまったくない。否定なんかしている場合ではない。それで、今日はいつも通りの仕事を進めていこうと思っている。午前中は原稿を書き、午後は絵をやる。音楽もやってもいいかもしれない。

83日目

自己否定どころか、今は躁状態を抑えるのに必死である。とは言いつつ、数日は仕方がなかった。毎月絵を1枚売って、その金額を毎月投資に回して、20年やってみる。

あと17日

87日目

自己否定はまったくなし。気持ちも穏やかでこんな日も訪れるんだとびっくりしている。今日書く原稿は、まずはその日暮らしのあとかぎ。

あと13日

92日目

あと8日

本当に100日間経過したときには自己否定が終わっているのは、すごいことかもしれない。そして、今日、その日暮らしのあとがきを書き終えて、バッチリだった。ゲンの誕生日。心地よく迎えられて、恐怖も克服し、これからは自分を信頼して、さらに高みを目指して頑張ろうと思った。

95日目

あと5日

絶望ハンドブックの原稿読み直し。
あとがき。
パステル描く。

発送と梱包。
税務署　プリントアウトして。

〈編集者注〉日記は95日目で終わっています。日記の中では書籍『本人と家族のための双極症サバイバルガイド』（日本評論社）と『いやな気分よ、さようなら』（星和書店）の一部を引用している箇所があります。

STEP

6

自己否定と葛藤

さて、それでは、STEP4に再び戻って、先を考えていくことにしましょう。

自己否定が起きた時の対処法が少しずつ身についてくると、自己否定を待つようになっていく、というところまで話しましたよね。

自己否定が起きた時、それは罵倒する「誰か」と罵倒される「私」が現れることになります。そこに「信頼できる人」を登場させ（そうやってこの「罵倒」を外の空気に触れさせるのです）、3人で話をするという場面を想像の中で生み出します。これは紙の上でやってみましょう。そうすると、よくわかってきます。**罵倒する「誰か」がしっかりいることに。**そして、その「誰か」が罵倒していることが明らかに「言いすぎ」であり「粗探し」しすぎていることに。信頼できる人の前ではその罵倒が弱くなってきます。なぜなら、第三者がいる前では「罵倒」はできないからです。なぜって当たり前です。

その「罵倒」が明らかに間違っているからです。

もちろん、自己否定は簡単には止まりませんので、信頼できる人が何度助けてくれたとしても、また自己否定は襲ってくるでしょう。それでもこちらは諦めてはなりません。その自己否定と言っているものはただの「罵倒」でして、罵倒を許すわけにはいかないからです。

それでも一回目よりも三回目の方が罵倒は弱くなっています。三回目よりも五回目の方が当然また罵倒は弱くなっていきます。

そして、何度もやっていくうちに、次の自己否定が起きた時にはどんなふうに対処しようかとこちらから先に受け身でいるようになります。みなさんの中には不思議なことに「楽しみ」になってきている人もいるかもしれません。私もそのように最後の方には「いつ自己否定がやってくるのか」と待つようになり、少し楽しみにしていました。

自己否定を待つようになる、この状態になると、心境が大きく変化していきます。

それは何かというと「葛藤」をしなくなっているのです。

これまでは自己否定を止めようとしてもどうしてもうまくいかなかったと思います。
どうして止めることができなかったのか、ということについても考えてみましょう。

私を例に考えてみましょう。私は元々中学生の頃まで野球部でした。ですから、野球はそれなりにできます。しかし、プロ野球選手になれるってほどではありません。何もできない人よりはできますが、中学生の時も地区大会に出て勝ち進んだとしても三回戦くらいまでです。特に目立つ成績もおさめたことはありません。だから、プロ野球選手なんか目指したこともありません。

「なぜお前はプロ野球の選手になれないんだ、練習したのに、なぜ野球を仕事にできなかったのだ。なぜ大谷翔平はメジャーリーガーになってあんなにお金を稼いでいるのに、お前も同じように野球をしていたのにそれができていないんだ」

私はこんなふうに自分の野球の能力について自己否定したことがありません。一度もありません。

なんでも自己否定をするはずなのに、野球の能力についてはたいして否定しないのです。

なぜでしょうか？

理由は簡単です。野球の能力がたいしたことがないということをはっきり知っているからです。そして、今はまったく野球に関心がありませんし、野球選手になろうと考えたことは一度もありません。

つまり、**自分で無能力だと自覚していること、そして関心のないことに関しては自己否定をしません。**

なんだか不思議な感じがしませんか?

自分が能力がないとはっきり自覚していることに関しては自己否定が発生しないんです。

私A「お前、野球の才能ないよね」↑**否定**
私B「うん、それは知ってる。そして興味もないんだよね」
私A「そうだね。じゃ、ま、いっか」

仮に否定してみたんですけど、これだけで会話が終わってしまいました。これでは止まらない永遠運動のような自己否定は起こりません。

才能ないな。

そうそう、こんなこと考えても仕方がないからやめちゃおう。

そうだね、諦めよう。

問題が発生したかと思った瞬間に解決しています。

つまり、**自分に才能がないと完全に自覚していることに関しては、自己否定は起こりません。**

あれ、変ですよね。自己否定はお前はダメだと言いたい力のはずですが、最初から能力がないとわかっているようなことには効果がないんです。

では自己否定はどんな時に起きるのか。私を例にして考えてみましょう。

2023年11月24日、完全に鬱状態の時ですが、その時に書き出した自己否定一覧です。

①「まわりからどう見られているのかばかり気にして全然仕事に集中できていない」

②「絵を描き続けることなんかできない。やり続けたいとすら思っていない」

③「早く手を動かせばいいのにチンタラしている。人がどうやって制作しているのかばかり気にして馬鹿みたいだ」

④「未来に対していつも暗くなる。何をやってもむだだ。能力もないし」

⑤「情熱がない。何かをやってみようという気持ちになっていない」

⑥「作らないのに文句を言う。作ってもそれが嫌いで文句を言う」

⑦「お前は何も考えずにその日の気分でやりすぎだ」

⑧「自分の考えていることは全て間違っている」

⑨「お前みたいに頭でっかちな人間は作る仕事はできない」

⑩「お前はただ思いつきでやっているだけだ」

⑪「何年経ってもこんな同じ悩みばかりで苦しんでいて成長していない」

私は書き出しながら、呆れてしまいました。どうやらこれは全て自分の仕事に関することのようです。

私は自分なりに、本を書き、絵を描き仕事をしてきました。もちろん、これらの仕事は正解もなく、なかなか困難な仕事です。会社に勤めて何か頼まれることをやればいいわけでもありません。自分で考えなくちゃいけません。それでも少しずつ自分なりの方法を見つけてやってきたわけです。今の私なら、そうやって、よく頑張ったね、と言うことができます。

しかし、自己否定を止めることができない時、私はとにかくこの仕事のやり方について延々と罵倒するのです。

1への反論　周りからどう見られているかなんか気にせず仕事に集中しろ、と言われても、気になるときは仕方がないじゃないですか。そういう時はゆっくり休みつつ、やってみようかと思った時だけ手を動かせばいいんです。

2への反論 絵を描き続けることなんかできない、と断言する必要はありません。その日ごとに気持ちが変わるので、今は描きたくないだけです。いつか描きたくなったらやればいいのです。今やりたくないからといって、金輪際絵を描くなというのは暴論です。

3への反論 早く手を動かせと怒っているようですが、それは明らかにナンセンスで、そうやって焦ったとしても良いものは作れません。そのことは知っているはずなのです。それなのに「**誰か**」はしきりに私のゆっくりなペースに対して怒ろうとしていますが、まったく間違ってます。

全部に対して、反論しようかと思いましたが、もうこの三つだけでもよくわかりますよね。

まったくもって暴論です。

ものを作ることがどんなことかこの**「誰か」つまり私にとっては「母」**ですが、まったく理解できてません。効率よく作品を作れ、だなんて、一度も作ったことがない人の物言いです。明らかに間違っていることがわかります。

そして、はっきり言いますが、野球をやるよりも、私は作品を作って売る、ことの方が得意です。

つまり、自己否定は、自分の中のどうでもいい部分（つまり、ここでは元野球部で野球をやっていた）には発生せず、どちらかというと自分の中の大事な部分（ここでは作品を作って売る仕事をしていること）についてやたらと厳しく起きてしまうのです。

これは明らかにおかしいですよね。お前、否定するなら、もっと私のダメなところを否定しろよ、と思うじゃないですか。

自分が頑張ろうとしていることを自己否定してしまうんです。

つまり、自分が肯定していることを、自己否定してしまう。

自分が否定しきっていることには、見向きもしないんです。

しかし、これにも理由があります。つまり、自己否定の本来の目的は「**否定**」することじゃないんです。

では、一体なんなのか？

自分が一番肯定しているようなこと、それを常に自己否定するんです。実は全てを否定しているのではありませんでした。僕の野球の無能力についてはほとんど関心がないようなのです。つまり、自分が自分で才能がないとしっかり自覚していて関心もないようなことには否定は発生しません。

強い否定が発生するのは、
とても好きなこと、自分がやってみたいことなのです。

なんだかめんどくさい、ややこしいなあと思いませんでしたか？
だって「私」はそれをやりたいわけです。やり続けていきたい。

それなのに「お前にはできない」と自己否定する。

野球であれば「私にはできない」「そうだよね、だからやってないもん」の二言で終わってしまうのですが「私」はやりたいので、自己否定されても、それでも諦めるわけにはいきません。だから、ますます頑張るわけです。そうすると、さらに自己否定が強くなっていきます。**気づいた時には私も自分がやりたくてやっていること全てに自己否定するようになっていました。**もう非論理的で無茶苦茶なのですが、しかし、自己否定が止まらなかったのです。


変ですよね。

なぜ、自分が好きなこと、やり続けたいこと、自分の長所、にだけ自己否定が発生するのか。

それは野球のことで自己否定しても、議論にならず、すぐ話が終わってしまうからです。

そうではなく、永遠に自己否定を続けたいような感じがしますよね。

つまり「葛藤」を起こすことが目的なのです。

「私はこれをやりたい」

「でもお前は能力がない」

「うるさいなあ、でも、それでも頑張りたい」

「きっとお前は失敗する」

——

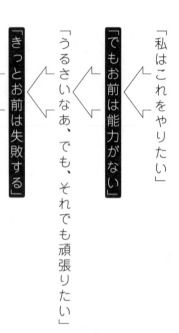

「うるさいなあ、そんなこと言ってたから失敗したじゃないか」

「ほらみろ、もうやめろもうやめろ。能力ないんだし」

「クソ、負けてたまるか、否定されても諦めない」

「いつまでやっているんだもう40歳も超えたぞ、早く諦めろ」

「このやろ、絶対やめてたまるか」

もう笑い話みたいになってきていますが、自分がやり続けていこうと信じているようなことだからこそ、自己否定が起きても諦めるわけにはいきません。
こうすることで、

やめろ

いややめない

やめろ

やめるわけがない

という「葛藤」が生まれます。もちろん、これは私の推測にすぎないのですが、**この葛藤こそが、自己否定の真の目的**だと思うのです。

だって、そうじゃないと変じゃないですか。野球がうまくいかない私には見向きもしないんですから。

ここでは私の「仕事」についての自己否定で考えましたが、あともう一つよく起きる自己否定が、私の性格などをとにかくやたらと否定してくるというタイプです。「性格」などを攻撃してくるのは、それこそ「生きるのを諦めろ」と言ってきているわけですが、これも「自分がやりたいこと」の一つでもあるわけです。**「生きのびること」は人間誰しもが持っている「自分がやっていきたいこと」です。**だからこれも、否定をされたからといって、そうやすやすと「じゃあもう死にます」とはならないわけです。どうやっても命を守ろうとす

るのが、人間の本能ですから。というわけでこれも

「お前性格悪い死ね」

「死んでたまるか」

「いやいやまじでこれ以上生きててもなんも意味ない死ね」

「なんのなんのまだまだ生きる」

というふうにしっかりと「葛藤」が発生するわけです。

STEP4までの手順で、自己否定を俯瞰した目で、しかも他者の風を吹かせて観察していくと、自己否定をしてくる「誰か」が少しずつ躊躇するようになり、自己否定が弱まっていきます。

この「葛藤」がなくなってしまいます。

自己否定の目的は「葛藤」を起こすことでしたので「葛藤」が起きなくなってしまうと、自己否定も弱くなってしまいます。自己否定が弱くなると、葛藤も起きなくなってしまう。自己否定を待ちに待つという姿勢になると、このように葛藤自体が発生しなくなっていくのです。

なぜ「葛藤」を起こす必要があったのか。

葛藤が起きている間は、自己否定に抵抗し、自分を鼓舞する力を出すことに集中しなくてはいけません。いつも嵐にやられているような感じ、風で吹き飛ばされないようにどこにしがみつけば良いのかと必死になっている状態です。

葛藤という作業に夢中になることで、何かを直視することから避けているのではないか。

私はそんなふうに感じるようになっていきました。

いよいよ、私たちは葛藤により直視せずに済んでいた「本丸」へと向かうことになります。

なぜ自己否定が起きていたのか。

葛藤の嵐が止み、静かな世界が訪れ、私はたった一つの自分の感情に気づきました。


それは「さびしさ」です。

STEP 7

自己否定の正体

最初はわけもわからず闇雲に自己否定していましたよね。何をしても、すぐに否定していました。

誰にも否定なんかしないのに、自分だけにはとことん否定してきましたよね。自分で自分を否定しても悲しいだけなのに、どうしても止められなかったんです。やればやるほど苦しくなるのに、なぜか続けてきました。なんとかしたいとも思うのですが、どんな本を読んでも、自己否定をやめる方法は書いていません。**自分に優しく、と言われることもありましたが、そのやり方がわからないのです。**ゆっくり休んでと言われても、休み方がわかりません。さらには、今もまだ自己否定をし続ける自分を否定し、怒る日々でした。

私自身もこの自己否定でずいぶん苦しみました。一体、なぜこんなことになっているのか、もう意味がわからなくなるところまで来てました。殴られたりするわけではないのですが、静かに、ゆっくりとじわじわ自分を痛めつけているような感じでした。

一体、これはなんなのだ。

どうしても解き明かすことのできない謎が、自分の一番近く、誰にも気づかれないほど近くに存在する。

それが私と自己否定の関係でした。
おそらくみなさんも同じような感じだったのではないでしょうか。
そんなわけで、私は自己否定とはなにかという研究をはじめることにしました。

STEP1 どんな自己否定をしているのかを具体的に紙に書き出して確認し、

STEP2 それを一つずつ徹底的に反論する。

STEP3 さらには信頼できる人を紙の上に呼んできて反論を手伝ってもらい、

STEP4
私を罵倒してくる「誰か」を特定する。

STEP5
元気な時にも発生している「見えにくい自己否定」を発見し、

STEP6
自己否定が実は「否定」するためではなく「葛藤」するための方法だったことに気づく。

このような作業を続けることで、私たちはいよいよ自己否定が巻き起こす「葛藤」から離れようとしています。

どうでしょうか？
まだ自己否定をしていますか？

もちろん、**自己否定というものは幼少の頃から少しずつ身につけた、あなたにとっての生きのびるための技術**なので、そう簡単にはやめることはできないと思います。私も長年やめようとしてきましたが、不可能だと思いそうになったくらいです。しかし、この『自己否定をやめるための100日間ドリル』で試しはじめて、77日目の日記にはもうすでに「自己否定は終わった」と書いています。きっとみなさんも毎日少しずつこの教材を読み進め、自分なりにドリルを進めていけば、次第に自己否定は止まるでしょう。止まらないという人も、自己否定がかなり弱くなっているはずです。

わざわざ葛藤を起こすために、自己否定をしていると気づくと、葛藤しなくなります。

自己否定が自分によるものではなく「誰か」によるものだと知ると、強く自分を罵倒することができなくなります。

自己否定を待つようになると、自己否定をしなくなります。

このように、**自己否定について知ることが増えれば増えるほど自己否定をしなくなります。**

自転車に乗れる前と乗れるようになった後との違いのような感じです。乗れる前は、乗れるようになることなんか想像できません。乗れるはずがないとしか思えません。しかし、何度かつまずいた後、一度乗れるようになってしまうと、今度は乗れなかった頃を思い出すことができなくなってしまいます。自分の行動の「視野」が一度広がってしまうと、それまでの狭い視野のことはどうしても思い出すことができなくなってしまうのです。

このドリルでも同じようなことをしているのです。

「自己否定とはなにか?」

ということをみなさんはほとんど考えていなかったのです。自己肯定感が低くて～などと言う人はたくさんいます。しかし、自己否定をし続けてしまってありえないくらい困っていますと言う人は少なく、どんなふうに自分を痛めつけてしまっているかについては目を逸らしているように私には見えます。私自身もそうでしたから。私はおそらく日本でも有数の自己否定のプロです。飽きるほど自己否定をし続けてきました。

私も、自己否定とはなにか? ということにはまったく注目していませんでした。

自己否定は「葛藤」を引き起こすためだけにあり、それ以外には意味がありません。

そして「葛藤」の役目は、私たちが本来向き合うべき問題から目を逸らすことにあります。つまり、ただの時間稼ぎだったのです。

このように、自己否定が「葛藤」を作り出しているだけだ、と知ると「葛藤」自体がなくなってしまいます。不思議なもので。

これが「視野が広がる」ということです。

自転車乗りに関してはみなさんも体験済みの感覚です。

「自己否定がやめられないこと」に関してはまったく研究されていなかったので、みなさんも私と同様、ほとんど真っ暗闇にいるような感じだったわけですが、今ではもう明かりがついちゃってます。蛍光灯でテカテカと光っているかもしれません。もう部屋の中が全て見えてきたんじゃないでしょうか。こうなると、視野が広がるどころじゃないです。もう何もかもが見えてますからぶつかったりすることはありません。

そうなると、葛藤しなくなるんです。葛藤はわからないからするわけで、葛藤する理由がわかってしまうと葛藤はもう二度としなくなります。

つまり、自己否定ももうしなくなるんです。不思議でしょ。

不思議だけど、もう自己否定ができなくなっていると思います。

自己否定ができますか？

試してみてください。

どこまでも自分を罵倒できますか？　以前のように？

もう無理になっていると思います。部屋が明るくなってしまい、どこにどんなものがあるかわかってしまったので迷うことができなくなっているのです。**「迷う」ことが「葛藤」です。**そうやってこの部屋の中で迷子になっていてほしいから、今まで自己否定をしてきたわけです。でももう迷うことはできません。明かりで隅々までどんな部屋かがわかるようになったからです。

ここは一体、どこなのでしょうか。この部屋は一体、なんの部屋？

そうです。ここが**「さびしさ」**の部屋です。

これが自己否定の正体です。

自己否定＝さびしさ、ではありません。
自己否定＝葛藤です。

自己否定はとにかく葛藤を生み出すために行なっていました。

その**葛藤は、さびしさを隠すためにあったわけです**。つまり、自己否定はさびしさの部屋の「明かりをオフにする」行為だったのです。

明かりをオフにする**（自己否定）**と、迷子になれる**（葛藤）**。

明かりをオンにする**（自己否定をやめる）**と部屋が明るくなった**（さびしさに気づく）**。

私は自己否定がなくなり、葛藤がなくなったあと、自分がさびしかったことに気づきました。

なぜ、さびしい、と自己否定をするようになってしまうのでしょうか。

そのことについて考えてみましょう。

私がいるとします。小学生の頃です。目の前で両親が喧嘩しています。それを見て、私はさびしさを感じました。

なんとかしてほしいです。さびしいんですから。すぐにそれに気づいてもらいたいです。それで喧嘩をやめて両親に近くに寄ってきて、ヨシヨシされたいところです。ぎゅっと抱きしめてほしかったです。しかし、母は父を罵倒することに夢中でそれどころではありません。

私のさびしさはそのまま残ってしまいます。**さびしさ、はとてもしんどい感情です**。もちろん、両親が近くに寄ってきて、さびしさに気づいてくれて、それで肌を触れ合ってくれたら、さびしさは癒えます。しかし、さびしさ、は癒えないまま体の中に残り続けます。さびしさは本当に苦しくなります。しかも、この状況では外に永遠に出せません。喧嘩が終わった後でも、あの時さびしかったと言えたらいいのですが、そうするとまた機嫌が悪くなるかもしれないと恐れてしまうと、私はどんどん自分の感情を放置するようになっていくわけです。

しかし、さびしさは消えません。

さびしさ、は常に誰かが感じて、ケアをしてあげる必要があるからです。これが幼年期のさびしさです。

誰もケアしてくれない、ということが、ほぼ決定している場合はどうすればいいのか。

私の場合はそうでした。自分が感じたさびしさは、誰もケアしてくれない、そのことがわかっていた。

その場合、さびしさが残っているわけにはいかない、それだと苦しすぎるので、さびしさを消す必要が出てきます。

しかし、さびしさは消すことができません。

さびしいと口に出して言いたいのに、そういう空気じゃない。それでもさびしさが体内に残るのは耐えられない。

この時、私はこのようにして、さびしさを消す方法を学びました。これは誰にも言ったことがありません。自分で学んだのです。まだ5、6歳の頃だったはずです。足りない頭脳で自分で考えだして自分で学んだことが以下のようなやり方でした。

「お前には親にさびしいと伝える価値なんてない」

このように自分に言い聞かせました。

「お前がさびしいと感じていること自体が間違いだ」

このように、私が感じている感情自体を否定することができたら、さびしい、と感じていることが妄想なのだから、親にさびしいと口で言えなくてもおかしくないわけです。

書きながら、自分でもさびしくなってきました。少し涙ぐんでいます。なんでそんなことを学ばなきゃいけなかったのかとかわいそうに思います。私ならそんなさびしい気持ちにはさせたくないと自分で自分に対して思いました。

このように幼年期に一人でさびしさを紛らわすために覚えた方法ですから、かなり極端ですし、やり方も下手ですし、イーブンじゃないと言いますか、**全部自分が悪い、という方法論**です。当然といえば当然です。この部分は親が悪いよな、という思考回路ができませんから。それが子供です。全部自分が悪いという方法でしか考えることができません。

こうして、さびしいと感じた時に、いつも「さびしいと感じるお前の感情が間違いだ」と考えるようになります。

私が思う自己否定の起源はこれです。

幼年期に感じた「さびしさ」が癒されずに体内に残り続けるのを解消するために「さびしさを感じている自分自身」を「否定」した。

こうして、私は「さびしさ」を感じると、

その瞬間に「さびしさを感じている自分自身」を

「否定」するようになりました。

これが「自己否定」なのです。

自己否定とは「さびしさ」を感じた時に「さびしい」と口に出せばいいのに、幼年期にそれができなかったために口に出さずに、頭の中で「さびしさを感じている自分自身」を「否定」すること、です。

もうわかりますよね。

自己否定は「さびしさ」を感じたときに発生します。

今の「さびしさ」が幼年期に感じた「さびしさ」を刺激したときなのでしょう。今の「さびしさ」がトリガーとなって、あの頃のさびしさを思い出させ、もう条件反射になっているので、それですぐに「さびしさを感じている自分自身」を否定するように動き出します。そのバリエーションが自己否定の数々なわけです。

しかし、実際はただ「さびしい」だけなのです。

さびしい時にはどうしたらいいと思いますか？

もう私は大人なので、わかっているんです。

さびしい時には、さびしさを感じた時に、その瞬間に、さびしい、と口にすることです。

幼年期に、私たちは間違ったことを学んでしまっているんです。

さびしい時は、口に出してはいけない、さびしいと感じている自分自身を否定しなくちゃいけない、と学んでしまってます。

独学で間違ったことを学んでしまってます。

この間違った学びを訂正しましょう。

今、みなさんは私と同じく大人ですから、訂正することができます。もうあの時の両親はいません。今の両親はあの時の両親とは違うからです。だから、彼らに訴えても仕方がありません。

でも今の私だけはあの時のことを覚えているのです。あの時に戻れる唯一の大人が、私です。

だから私は**あの時に戻って、さびしさを全身で感じている幼年期の私に向かって、さびしいって口に出していいよ、って伝えました。**

さびしさを自分に伝えるんです。幼年期の私になって、大人の私に向かってさびしいって。

大人の私は、幼年期の私のその言葉をしっかりと聞いてあげる。

そんなの馬鹿らしいと思うかもしれません。そんなことをしてあげてもあの時のさびしさが癒えるわけない、って。

あの頃に戻っても仕方がないって。無視しようとするかもしれません。

もしくはあの頃の傷が深すぎるので見たくないと思う人もいるかもしれません。

そうやってできるだけ自分が最初に感じた深いさびしさに向き合わないようにする。それが私たちが延々と自己否定という葛藤を生み出している理由でもあります。**自己否定をし続ける限り、あのさびしさとは向き合わずに済んでいるからです**。小さい頃の私たちにとって、そのようなさびしさは交通事故にあったような衝撃があるのでしょう。恐怖心も同時に感じていたはずです。だから目を背ける。そして、今の自分自身を自己否定し続けることを選ぶのです。

しかし、ここで一つ、よく考えてみてください。

少し下世話なことを言います。どちらの痛みが実際に痛いのかを考えてみてください。

今のあなたは自分を徹底的に自己否定しています。時には叩いたりもしているかもしれません。自殺を考えている時もあるかもしれません。自分のことをボロクソに言い、自分自身はどんどん傷ついています。

これはとても痛いですよね。

一方、あの「さびしさ」を最初に感じた、さびしさの原体験に戻ってみてください。目を逸らさずにしっかり見てみてください。もちろん、さびしいですよ。でも今のあなたがいるのです。大人のあなたがしっかりとついている。しかも、その幼年期のあなたが受けた経験は実はもうすでに過ぎ去ったことです。今、痛いわけではないんです。痛みの記憶はあるかもしれませんが、大人のあなたと一緒に振り返ると、それが過去のことだと知ることができます。そして、今、大人のあなたが間に入ることで、訂正することもできるんです。両親は助けてくれなかった。でも今のあなたは24時間365日、幼年期のあなたと一緒にいるので、実質的にはいつでもどんな時でも助けることができるのです。

つまり、そのさびしさは、比較的軽めの痛みなんです。

今の自己否定による痛み

＞

幼年期のさびしさによる痛み

この構図だと思っていたでしょうが、実際は

幼年期のさびしさによる痛み

≫

今の自己否定による痛み

こうなります。今の自己否定の痛みの方が、ありえないくらい痛いんです。もうとにかくハードな痛みです。自己否定の痛みを生み出すくらいならどんどん幼年期を思い出し、その子に自分で声をかけてあげて、さびしさを理解し、認め、受け入れて、さびしかったね、でもこれからはもうさびしくないよ、と伝えてあげてください。少し恥ずかしいかもしれませんが、これは人前でやる必要はないのです、一人でやればいいんです。たった一人でやるのですから、

恥ずかしいということもありませんから、とことん、幼年期のあなたが落ち着くまで、徹底してやった方がいいです。

命をかけて、**この幼年期に感じたさびしさを自分で徹底的に癒してあげましょう。**

ここを本気になると、全てが変わってきます。
自分でやるしかないんです。

酒でも慰められません。薬でも無理です。異性にこのさびしさを埋めてもらっても、余計に乾くでしょう。

自分が無視している限り、その子はいつまでもさびしいままです。それは当たり前ですよね。

今まで気づいているのに、放置して、それで葛藤を生み出して自己否定し続けてきた張本人、その人にこそ、このさびしさを気づいてほしいって思っているはずです。

どうでしょうか。この最後のSTEP7は、抵抗ある人にとっては少し難しいかもしれません。さびしさを感じた幼年期の記憶がはっきりとある人ほど、抵抗があるかもしれません。それでもさびしさに気づけば、少しずつ回復していくはずです。最初は目を逸らして自己否定に舞い戻るかもしれません。

でも、それでもいいんです。

それくらい大変だったということです。それくらいさびしかったということです。STEP7はさらにゆっくり進めてください。できなくても否定しないであげてください。でもこのSTEP7自体がとても柔らかい優しい行為なんです。STEP1の辛い痛みとはまったく違うはずです。

自己否定がやめられない時は、自分の根源にある「さびしさ」のことを思い出して、という合図なのです。

つまり、自己否定がやめられない時とは、幼年期癒されなかった「さびしさ」を感じた「私」が会いたいとノックしているのです。

幼年期のさびしい「私」と会うとき、
あなたは一人でいる必要があります。
でも、みなさんは一人でいられますか?

一人でいる時、無性にさびしく感じるからできるだけ一人でいたくないと思っていませんか。

最後に、この一人でいること、について、話をして、ドリルを終えたいと思います。

STEP

8 一人ではなくなる

もうこれで最後の行程になります。
みなさん、よく頑張りました。

しっかり自分に対して褒めていきましょう。
不思議なことですが、このように**自己否定のメカニズムを知れば知るほど、どんどん自己否定をしなくなります。**自分が今までどのように自己否定をしていたのかすら、忘れてしまうこともあるようです。私もついつい忘れてしまっています。どのように自己否定をしていたのでしょうか。私は77日目で、自己否定をしなくなったのですが、もう今ではそれ以前の日記を読み返しても、一体、なんでここまで自己否定していたのか、よくわかりません。さびしさが極点まで達していたんでしょうね。さびしいのなら、さびしいって言えばいいのに、さびしいと言う方法をまったく知らなかったので、とにかく遠回りして、さびしさだけを避けて、それでもなんとか自分を表現しようとしていたようです。だからこそ、最後の方は、もうわけのわからない自己否定に突入していました。**自己否定もやるだけしっかりとやれば、**つまり、

自分と向き合うことを避けずに、徹底すれば、
しっかりと飽き飽きします。

一体、自分はなんでこんなに自分を否定しているのかわからなくなるまでやることは、それはそれで重要な過程と言えます。

でも今ではもうよくわかっています。

自己否定がはじまると、それは幼年期の「私」が「話を聞いてほしい」と呼んでいるのです。「さびしい」と声を上げようとしているわけです。そのサインです。

自己否定がはじまる時は、それが幼年期の「私」が呼んでいるサインだと気づくと、もう自己否定の波には乗らなくなります。ノリは悪くなるんですね。

今までは、自己否定したくなってくると、どんどんエスカレートしていたと思います。最初はそれなりに、論理的に自己否定していたと思いますが、次第に暴れ出し、家の中のものを投げつけたり、壊したり、自己否定自体ももう非論理的になって、ただひたすらお前はダメだ、といじめみたいになってしまっていたはずです。そういう波に乗らなくなっていきます。

慣れるまではそれなりに自己否定をしようとはします。

でもすぐに気づくはずです。

あ、こんな意味ないことに時間を費やすんじゃなくて、そうだ、幼年期の「私」がさびしがっているんだから、その話に耳を傾けてあげようと考えるようになります。

このように波に乗らない、ノリが悪くなってくると、もう自己否定をやめるまであと少しです。いや、もう自己否定はしなくなっていると言ってもいいかもしれません。

自己否定したくなった瞬間に、幼年期の「私」に会いに行こうとすると、い

ろんな感情に気づけるようになってきます。

それまで私たちはとにかく放置していました。育児放棄しているような感じです。

私は以下のようなイメージでした。

私は押入れの中に幼年期の「私」を閉じ込めていました。閉じ込めるだけでなく、幼年期の「私」なんていないことにしていました。押入れもないことになっていました。私は押入れにも鍵をしていたような気がします。元々は押入れの中から、幼年期の「私」がノックをしていました。気づいてくれ、さびしいんだから、世話して欲しいと声をあげていたのかも知れません。しかし、今ではもう放置しすぎて、幼年期の「私」は気絶していました。トイレも押入れの中で済ませろ、と私は幼年期の「私」に対して厳しかったのです。

六畳間のようなところに布団を敷いて私は横になっています。押入れには気絶している幼年期の「私」がいます。幼年期の「私」はもうすでにいないことになっています。押入れは鍵をかけて開けられませんし、部屋は暗く、押入れがあることすら私は忘れてしまっていました。

そして、押入れの向こうに幼年期の「私」が気絶しているのに、そのことに薄々気づいているのに、気づいていないふりをして、布団の上で寝そべっている私は自分の問題にばかり取り組んでいたのです。自分を否定ばかりして、自分の頭を叩いているようなイメージでした。

自己否定のメカニズムを知ると、押入れの中に幼年期の「私」が今も生きて存在していることに気づきます。

そうなってしまうと、布団の上に寝そべって一人で自分を叩いてばかりいられなくなるのです。

そんなことしている場合かと、もう気づきました。

自己否定がはじまるその時、気絶していた幼年期の「私」が残りわずかな生命力で押入れをノックしています。

こういうイメージに気づくと、もう放っておくことはできません。

自分の問題にばかり囚われているわけにもいきません。

まず、この中で助けるべきは、幼年期の「私」でしょう。それは誰の目にも明らかです。

すぐに押入れを開けてあげて、トイレもそこで済ませてますから汚れてしまってますから、綺麗にタオルで拭いてあげましょう。お風呂に一緒に入ってあげてもいいです。私は、こういう時、まずお風呂に入るようになりました。もちろん、現実では一人で入っていますが、イメージではその幼年期の「私」と一緒に入ります。そして、放っておいてごめんなさい、と言いながら、自分の体を、幼い子供を洗うように丁寧に洗ってあげるようになりました。

体を温めるのもとても大事な作業です。

もう文句を言ったり、放置したりしないで、とよく言われます。そのたびに謝ります。まだまだ私は幼年期の「私」との付き合い方をよく知らないからです。幼年期の「私」はしてほしいことをなんでも言います。でも最初は、気を遣って言いませんでした。なんでもやってあげるから、なんでも言っていいよ、と言い続けたら、少しずつ、幼年期の「私」はわがままに言えるようになっていきました。

私には高校生の娘と小学六年生の息子がいますが、彼らの世話をしていたりする時、時々、イライラしたりすることもあります。

自己否定がおさまってくると、こういうイライラにも目が向くようになります。妻がぐっすり寝ていて、私が家事などを多くやっている時も、なんだかイライラしてきます。

こういうイライラも、自己否定とは違いますが、他の人に向かう否定的な力です。

自己否定が落ち着いていくにつれて、私はこういう時も幼年期の「私」がさびしがっている時だ、と理解できるようになりました。

イライラを相手にぶつける、これはつまり、自己否定の波に乗って自分を攻撃することと同じです。

そうすると、**イライラしている時も、私はさびしがっているんだ、ということに気づけるようになっていきます。**

もちろん、それでもイライラを抑制するのはなかなか難しいものです。で、イライラをぶつけてしまうこともあります。でもそれでもいいんです。少しずつ気づいてあげられるようになれば良いのです。イライラした時も、私はすぐに、まずは一旦一人になるようになりました。イライラをぶつけるのではなく、ぶつけそうになった時、波に乗りそうになった時、ノリを悪くするために、まずは一人になる、さびしい幼年期の「私」が何か感じているのです。一人になって、その子が何を感じているのかをイメージするようになっていきました。

自己否定をする時と同じく、怒ったりイライラしている時もまた「さびしい」と感じているんだ、と少しずつ知るようになっていきました。

とにかくそのような感情が起きた時、それはノックをしている時です。幼年期の「私」が話を聞いてほしいとわがままを言っている時です。

ひとまず作業を止めて、一人になってみましょう。

一人になる練習をしてみましょう。

元々、私は一人でいることが苦手でした。私は作家であり画家ですので、基本的に、仕事は一人でしているため、一人には慣れているはずです。確かに、仕事に夢中になっていれば一人でいても苦しくありません。一人でいる時はいつも夢中になっていたとも言えます。しかし、一人でゆっくり深呼吸をしながら横になる、休む、ということができないのです。それは「もっとできる」という見えにくい自己否定が発生していたからでしょう。一人で、仕事もしないで、何かに夢中になっていないで、ただぼーっとする方法がわからなかったのです。変に思われるかもしれませんが、本当に、私はどうやって一人でぼーっとすればいいのかがわからなかったのです。

それが自己否定をやめられるようになってから変わりました。

つまり、幼年期の「私」の存在に気づいてから、私はどんどん一人でいられるようになっていきました。

次第に、私は一人の時間が好きになっているのに気づきました。一人でいますが、今では、私は一人ではありません。**一人でいる時間とは、つまり、幼年期の「私」と話をしている時だからです。**

少し恥ずかしい話をしますが、私は最初の頃は、一人でいる時、幼年期の「私」と話をするために、ぬいぐるみを買ってきたくらいです。それくらい具体的に形を持つものと接することをしなければ、幼年期の「私」を具体的に感じることができませんでした。しかし、それも少しずつ慣れていきます。今ではぬいぐるみがなくても、私は幼年期の「私」と話をすることができます。

子供たちの世話をしていて、それでイライラした時、私は一人になり、仕事場の窓を閉めて、誰も見ていないところで、幼年期の「私」と話をします。その子は「さびしい」と言うのです。何かお父さんらしくあろうとする時、私の場合は、そうしたくない、という気持ちがむくむく形になって現れてきます。何をしたいのかと聞きます。そうすると「一緒に遊びたい。世話なんかしたくない」と言います。少し落ち着いてから、私は子供たちに会いにいって「一人で遊びたい、と小さな私が言っているので、ちょっと一人で遊んできていいかな？」と声に出して伝えます。

声に出して、イライラを伝えるのではなく、本当にしたいことを伝えるのが大事なことなんだと思ってます。子供たちはそれまで一緒に遊んでいたので満足してくれています。だから「いいよ」と言ってくれるので、私はドライブしたいと小さい私が言うから、車に乗せてあげて一人でドライブをします。アイスを食べたい、と言うからコンビニに行って、どれでも好きなものを選んでいいよ、と言い、それを買い、それをむしゃむしゃ食べます。
私は一人でいる間、今では幼年期の「私」の話をずっと聞いてあげています。
私は気づきました。

一人でいる時は一人ではないのです。
一人でいる時は、いつもずっと隣に
幼年期の「私」がいるんです。

しかも、幼年期の「私」はずっといます。私が死ぬまでずっと一緒なんです。
365日、24時間、寝る時も遊ぶ時もずっと一緒にいるんです。
私は元々、さびしがり屋で、一人でいることができず、さびしくなると、妻がいるのに、すぐに違う女性と一緒にいようとしてました。妻に公開して8年ほど不倫をしていたこともあります。そうやって自分を女性で埋めないとさびしさを埋められないと思い込んでいたのです。もちろんその間、女性と一緒にいることでなんらかのさびしさは埋められたとは思いますが、また離れるとすぐにさびしくなってしまっていました。

今なら意味がわかります。すぐ隣に幼年期の「私」がいるのに、その子は押入れに閉じ込めて、違う女性を部屋に入れて布団の中に入ってさびしさを埋めていたわけです。イメージをしてみればすぐにわかります。こんなにさびしいことはありません。押入れの中の幼年期の「私」はいつも放置されていて、余計にさびしさを感じるだけです。押入れを開け放ち、今ではずっと一緒にいますが、不思議なことに、とは言いつつ、これは当たり前の状態かもしれませんが、そのさびしさを女性で埋める必要がなくなりました。

妻と一緒に過ごしている中で、私はさびしいと感じる時がありましたが、その時も、妻にさびしいと言うことなく、イライラを伝え、そして、違う女性でそのさびしさを埋めていました。これではどんどんさびしくなりますよね。妻もよくこの状態を耐えてくれたと思います。妻が私の幼年期の「私」が持っていたさびしさに気づいていたからだと言えます。そのさびしさを自分で癒せるようにならない限り、気持ちが楽になることはないよ、と妻は私に伝えつつ、それがわからない私はなんとか他の女性で埋めようとし、妻はそれも理解しつつ我慢してくれていました。

妻との間で、さびしいと感じたら、そのさびしいという気持ちを、つい察してほしいと思って、いつも気づかれずに、私は他の女性に向かっていたのですが、今は、さびしいと幼年期の「私」が感じた瞬間に、妻にも「さびしい」と言葉にするようになりました。

そんないろいろがあり、今では一人でいる時が一番一人じゃないことに気づきました。

一人でいる時は、幼年期の「私」と一番近くで二人きりでいる時間です。

一人でいる時は二人でいる時なのです。
一番さびしくない時間だと知りました。

一人でいる時は二人でいる時、これは自己否定をやめられるようになったことの次にわかったことですが、自己否定をやめられるよりも私にとっては大事なことになりました。もちろん、さびしさはまだ完全には癒えていませんが、それでも二人でなんとかしていこうと、協力体制に入れたことは心の平穏につながったと思います。

これからもさびしさを感じる瞬間にはたくさん遭遇すると思います。

でも今では、そのさびしさに対処する方法を具体的に知っています。

しかも、一人ではありません。

私はいつも常に二人なのです。

そう思うと、とても安心している自分に気づいています。

そして、実感が戻ってきた今、私は不思議なことを感じています。

それは今までの時間、いろいろ大変で、自己否定もたくさんしてきたし、さびしさを埋めるためにたくさん間違ったこともしてきたと思いますが、それでも、**今までやってきたことが「無駄ではなかった」と実感を込めて感じていることです。**

私は真っ黒な時間を過ごしてきたと思っていたのです。しかし、そうではなかった。

今、少しずつ、その真っ黒な時間がオセロのように真っ白に変わり、自分にとって意味があった時間だと教えてくれているような感じがします。

自己否定をやめることができた瞬間から、このように、過去の時間もまた自分にとって大きな財産だったのだと気づく時間の波がこちらに向かって、いろんな方角からゆったりとやってきます。

みなさんにもこの感覚を味わってほしいです。


さて、そろそろ最後の話になります。ずっと話をしていたいですけどね。さびしいものですね。

自己否定をやめることができたみなさんはこれからとても不思議な、でもとても穏やかな時間が到来してくるはずです。自己否定が突如起きても大丈夫です。それは幼年期の「私」が呼んでいるだけですから、しっかり耳を傾けてあげてください。そして、具体的に声に出して、察してもらうのではなく、自分で声を出して、解決策を試してみてください。そうすればするほど幼年期の「私」は喜び、そして、安心するでしょう。

そして、オセロを裏返すように真っ黒になってしまった、最初の時間に向かっていきます。

もうさびしいのを我慢する必要はありません。

さびしい時はさびしいと言えばいいのですし、嫌なことは嫌だと口に出し、そして、やりたいと思っていたけど、遠慮していたことに着手する時がやってきます。

これからはもう、自己否定はしません。


ただ闇雲に肯定すればいいわけでもありません。

なぜなら、やりたいことをするのなら、大変なこともあるからです。うまくいかない時もあります。失敗することもあります。

しかし、そのたびに、幼年期の「私」に声をかけてあげるのです。どんなときも諦めないように、励ましてあげましょう。

理解してあげればその分だけ「私」はどんどん嬉しくなって、自分の可能性を広げていこうと行動をします。


本当は何がしたいのか、毎日、一人になって、つまり二人きりで、いつも聞いてあげてください。

「私」は素直になればなるだけどんどん気持ち良い行動をしていくことになるでしょう。

自己否定をやめるための100日間ドリル、いかがだったでしょうか。

自分で自分をとことん否定していたあの頃が懐かしく感じられます。しかも、このドリルを進めていく上で、みなさんはとんでもなく心強い味方を自分で見つけ出しました。

幼年期の「私」はただみなさんが毎日世話しなくちゃいけない子供ではありませんよね。

もっと力強い味方です。

自己否定をやめるためのこのドリルは実は、死ぬまでずっと一緒にいることになる、家族よりももっと深いつながりを持つ伴侶と出会うための道だったのです。この伴侶は、生涯離れることがありません。さびしさをきっかけにして出会いましたが、実はこの伴侶を確かに感じることができると、さびしさの霧は晴れて、安心が現れます。

この伴侶は、さびしさの権化ではなく、
安心の塊です。

これからは伴侶といつも一緒に、安心の祝祭がはじまることになります。

安心したら、今度はぜひまわりの人たちを助けてあげてください。

それがこの本を書いた私の願いでもあります。

私の伴侶である、幼年期の「私」がいつも私に言っていることでもあります。

困った人は助けよう。

それではみなさん、長い時間お疲れ様でした。話を聞いてくれてありがとうございました。

また会いましょう！

おわりに

みなさんいかがだったでしょうか。

一度読んだだけではなかなか自己否定をやめられないかもしれません。私自身も100日近くかかってます。ゆっくり焦らずやっていきましょう。鬱の時の日記を読んでもらえたらわかると思いますが、私も少し良くなったかな？と気持ちがたかぶっては、また翌日落ち込む、ということを何度も繰り返しました。

それでも、自己否定がなぜ起きるのか、ということをまず知るのは、とても大事な過程です。

自己否定がはじまった時、それは「幼年期のあなた」が「今のあなた」に呼びかけているのです。

ぜひ、自己否定的な波に乗って自分を叱ったりせず、幼年期のあなたに優しく声をかけてみてください。

自己否定とは、幼年期のあなたの声に耳を傾けることを避けるための時間稼ぎでした。

もう葛藤はやめて、自己否定がはじまった途端に、さっと幼年期のあなたの方を向いて、しっかり近づいて、話を聞いてみてください。

しっかり向き合う、と覚悟を決めると、幼年期のあなたが今のあなたに、本当に少しずつですが心を開きはじめるはずです。

「何をさびしがっているのか、ちゃんと口にして言わないとわからないよ！」と怒ったりしないで、ゆっくりと待ってあげてください。

とにかく少しずつゆっくり進めていきましょう。誰でも100日かければ必ず効果があるはずです。

それでも自己否定がやめられない！とおっしゃる方は「はじめに」でも宣言したように、**090-8106-4666**までお電話ください。私がトレーナーとして少しだけお手伝いしたいと思います。

とは言いつつ、自己否定が完全になくなった私としましては、私は自分自身に「本を買ってくれる読者はそれは大事な存在だが、大事だからといって、読後もしっかりトレーナーとして付き合わなきゃいけないなんて、やりすぎです」と今、声をかけてます。

「お前はもっとできる」

これも、元気な時の自己否定でしたよね。元気になったからといって、今までの分、全部取り返すみたいなことはもうしなくていいんです。まずは自分自身のことを丁寧にやってあげましょう。他人のことは適当でいいんです。人はそれぞれ自分自身のことを自分でやっているのですから。

さて、最後に、最近の私の状況をお伝えして終わりたいと思います。

2024年3月8日、自己否定をやめるための100日間日記の77日目に「自己否定はもう終わった」と書き記しているのですが、このあとがきを書いている2024年9月1日までの間、なんと自己否定をまだ一度もしていません。まだ半年間だけじゃないかと言われてしまいそうですが、それでも、これまで月に一度は必ず鬱になり、自己否定の津波に襲われていた私としましては、人生初のとんでもない快挙です。

自己否定をやめたら、もう鬱にならないのかもしれない。

しかし、そうではありませんでした。一度、鬱っぽくなった時がありました。

8月中旬、少し夏の疲れが出てきたのか、なんだか体が重くなったのです。やっぱり鬱にはなるのかとがっくりしそうになりましたが、不思議なことが起きました。

体は鬱っぽくなっているのに、自己否定を全くしないのです。

今までの経験では、鬱に足を踏み入れた途端、必ず自己否定がはじまります。しかし、ドリルを終えた私は自分自身にこう声をかけていました。

「疲れた時は、よくがんばったねとご褒美をあげよう」

そして、私は鬱っぽいのを我慢して仕事を続ける、という今までの方法をやめ、早めに家族に疲れている状況を伝え、すぐに車で1時間半ほどのところにある温泉宿を二泊三日で予約し、ずっと行きたいと思っていた宿の近くの美味しいと噂の鮨屋のご馳走を自分に食べさせてあげることにしたのです。

頼まれていた連載の原稿も、出版社に早めに連絡し、来月に締め切りを伸ばしてもらいました。

　重荷になっている仕事から解放された私は、家族と離れて一人になって、二泊三日温泉に何度も入り、3食食べたいものだけを食べさせてあげました。

　結局、気持ちはとても楽になり、鬱にもならずに済んだのです。

「幼年期の私」も喜んでくれました。「アイスを食べたい」とよく言ってたので、コンビニにちょこちょこ行っては「好きなアイスを食べていいよ」と声をかけてあげました。私が昔食べていたアイスをたくさん選んでいました。

　一人旅というよりも、幼年期の私との親子水入らずみたいな休息の旅になりました。

　鬱の時の過ごし方が「延々と24時間自己否定をし続ける生活」から「よくがんばったねと自分を褒めて、疲れを癒すために温泉に入れてあげて、喜ばせるために美味しいものを好きなだけ食べさせる生活」に変化したのです。

　私は休む方法を知らなかったのでしょう。仕事を休んで、布団に横になっても、自分にずっと文句を言い続けてしまっては心が休まりません。

　自己否定をやめると、休むことができるようになります。

　しっかりと体も心も休むことができると、本当にやっていきたいことがさらにはっきり感じられるようになりました。

　自分が傷つくことがなくなるだけでなく、心から休めるようになり、自分が何を欲しているかが具体的にわかるようになっていく。

自己否定をやめることの効果は計り知れません。私もそれを日々実感してます。これからもまた新しく知っていくのでしょう。

ぜひみなさんも自己否定をキッパリとやめて、自分の「本当の声」に耳を傾けてください。

この『自己否定をやめるための１００日間ドリル』がそんなみなさんの心地よい準備運動になりますように。

読んでくれてありがとうございました。

いつか笑って再会しましょう！

２０２４年９月２日

坂口恭平

坂《さか》口《ぐち》恭《きょう》平《へい》

1978年、熊本県生まれ。2001年、早稲田大学理工学部建築学科を卒業。作家、画家、音楽家、建築家など多彩な活動を行う。2004年に路上生活者の家を収めた写真集『0円ハウス』（リトルモア）を刊行。著作は『生きのびるための事務』（マガジンハウス）、『ゼロから始める都市型狩猟採集生活』（太田出版）、『独立国家のつくりかた』『苦しい時は電話して』（講談社）、『モバイルハウス　三万円で家をつくる』『TOKYO一坪遺産』（集英社）、『家族の哲学』（毎日新聞出版）、『継続するコツ』『幸福人フー』（祥伝社）、『TOKYO　0円ハウス　0円生活』（河出書房新社）、『躁鬱大学』（新潮社）、『発光』『よみぐすり』（東京書籍）、『自分の薬をつくる』『お金の学校』『中学生のためのテストの段取り講座』（晶文社）、『土になる』（文藝春秋）、『まとまらない人』（リトルモア）など。小説家として『幻年時代』（幻冬舎）、『徘徊タクシー』（新潮社）、『けものになること』（河出書房新社）を発表。ほか画集や音楽集、料理書など、多数の著作がある。自ら躁鬱（そううつ）病であることを公言。2012年から死にたい人であれば誰でもかけることができる電話サービス「いのっちの電話」を自身の携帯電話（090-8106-4666）で続けている。2023年2月には熊本市現代美術館にて個展「坂口恭平日記」を開催。

自己否定をやめるための100日間ドリル

2024年10月17日　初版第1刷　発行
2024年12月1日　初版第3刷　発行

著者　坂口恭平
発行人　前田哲次
編集人　谷口博文
アノニマ・スタジオ
〒111-0051
東京都台東区蔵前2-14-14 2F
電話　03-6699-1064
FAX　03-6699-1070
発行　KTC中央出版
〒111-0051
東京都台東区蔵前2-14-14 2F
印刷・製本　シナノ書籍印刷株式会社

ISBN978-4-87758-865-6 C0095

アノニマ・スタジオは、
風や光のささやきに耳をすまし、
暮らしの中の小さな発見を大切にひろい集め、
日々ささやかなよろこびを見つける人と一緒に
本を作ってゆくスタジオです。
遠くに住む友人から届いた手紙のように、
何度も手にとって読みかえしたくなる本、
その本があるだけで、
自分の部屋があたたかく輝いて思えるような本を。